מדריך תבשיל לשליטה במעדני הבישול האיטיים בעולם

100 מתכונים טעימים לכל אירוע

רואן סטנלי

תוכן העניינים

מבוא

תבשילים הם מאכל לבבי ומנחם שנהנו ממנו במשך מאות שנים בתרבויות רבות ברחבי העולם. הם עשויים בדרך כלל על ידי הרתחה של בשר, ירקות, ולפעמים דגנים במרק או רוטב טעימים. תבשילים הם מאכל רב-תכליתי שניתן להתאים אישית לטעמים אישיים, עם וריאציות המשלבות סוגים שונים של בשר או ירקות, או אפילו פירות ים. בין אם אתם מעדיפים צ'ילי חריף או תבשיל בקר קלאסי, תבשילים הם ארוחה ממלאת ומשביעה המושלמת למזג אוויר קר או לכל זמן שבו אתם במצב רוח למשהו חם ולבבי.

תבשילי חזיר

1. תבשיל ברונסוויק

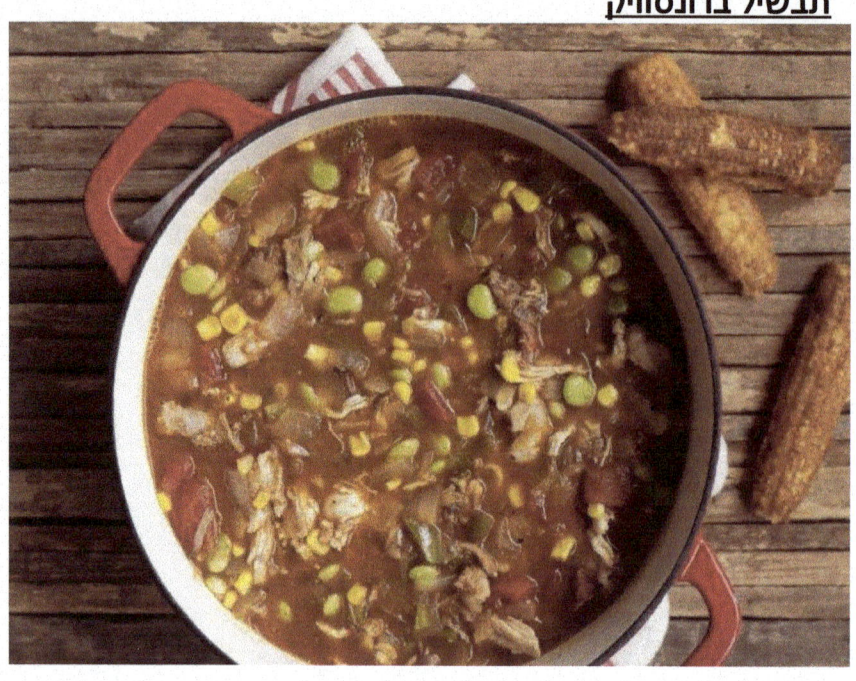

מכינה: 8 עד 10 מנות

רכיבים

6 כוסות מרק עוף

2 כוסות סלואו סיר BBQ Pulled Pork

2 כוסות עוף קצוץ, מבושל

2 כוסות שעועית לימה קפואה או יבשה

3 תפוחי אדמה רדומים בינוניים, קלופים וחתוכים לקוביות

1 (14 אונקיות) קופסת עגבניות חתוכות לקוביות במיץ עגבניות

1 בצל אדום גדול, חתוך לקוביות

1½ כוסות אפונה וגזר קפואים

1½ כוסות במיה קפואה

1 כוס תירס קפוא

1 כוס רוטב BBQ היקורי

3 שיני שום, קצוצות

2 כפות רוטב ווסטרשייר

2 וחצי כפיות מלח תיבול

1 כפית פלפל שחור גרוס

½ כפית כמון טחון

הוראות

הוסף את כל המרכיבים לסיר בישול איטי של 6 ליטר. מערבבים עד שהכל נטמע היטב. שים את המכסה על הסיר האיטי, והנח את האש על נמוכה.

מבשלים 5 שעות ואז מגישים. כל שאריות אפשר לשמור בבלי אטום במקרר עד 5 ימים.

2. <u>חריף ושעועית</u>

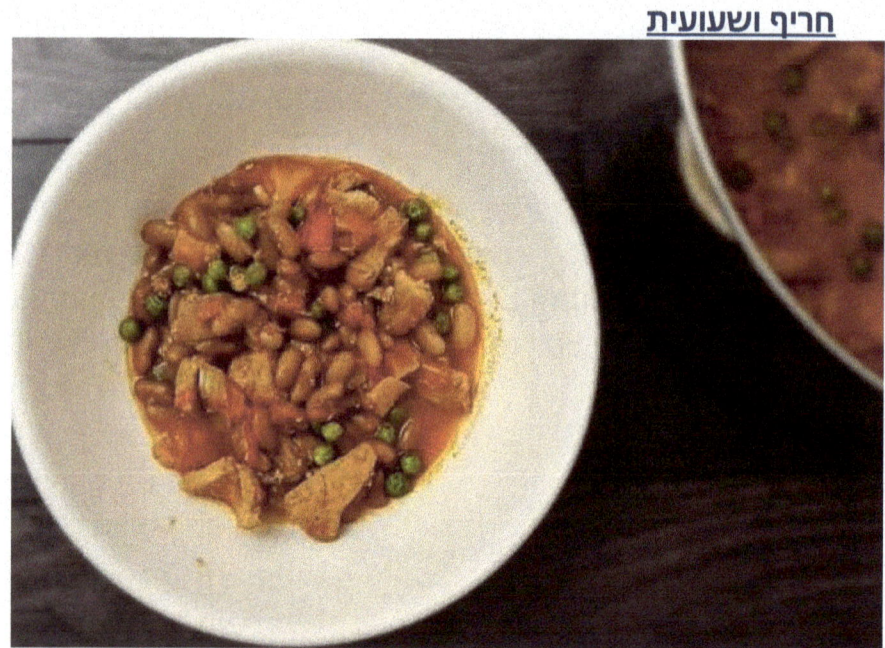

רכיבים

2 ק"ג כתף חזיר ללא עצמות, חתוכה לקוביות בגודל 1 אינץ'

2 קופסאות שעועית כליה, סחוטה ושטופה

1 בצל גדול, קצוץ

4 שיני שום, קצוצות

2 פלפלי ג'לפנו, זרעים וקצוצים

1 כפית כמון

1 כפית אבקת צ'ילי

1/2 כפית פפריקה

2 כוסות מרק עוף

1/4 כוס כוסברה טרייה קצוצה

מלח ופלפל, שני טעמים

הוראות

בסיר גדול או בתנור הולנדי מחממים מעט שמן על אש בינונית-גבוהה. מוסיפים את החזיר ומבשלים עד להשחמה מכל הצדדים.

מוסיפים לסיר את הבצל, השום ופלפלי הג'לפנו ומטגנים 2-3 דקות, או עד שהבצל רך ושקוף.

מוסיפים לסיר את הכמון, אבקת הצ'ילי והפפריקה ומערבבים לאיחוד.

מוסיפים לסיר את מרק העוף ושעועית העוף ומביאים לרתיחה.

מנמיכים את האש לנמוכה ומבשלים במשך 1-2 שעות, או עד שהבשר רך.

מערבבים פנימה את הכוסברה הקצוצה ומתבלים במלח ופלפל לפי הטעם.

3. **תבשיל חזיר וצ'ילה ירוק**

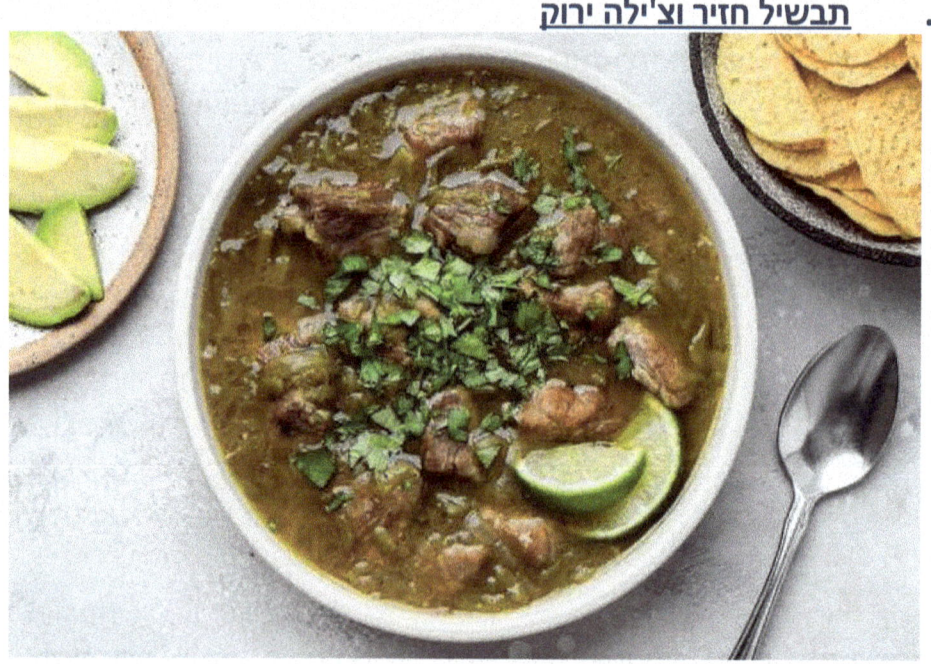

רכיבים

2 ק"ג כתף חזיר, חתוכה לקוביות בגודל 1 אינץ'
2 פחיות צ'ילי ירוק קצוץ
1 בצל גדול, קצוץ
4 שיני שום, קצוצות
2 כוסות מרק עוף
1 כפית כמון
1 כפית אורגנו
1/2 כפית פפריקה מעושנת
מלח ופלפל, שני טעמים

הוראות

בסיר גדול או בתנור הולנדי מחממים מעט שמן על אש בינונית-גבוהה. מוסיפים את החזיר ומבשלים עד להשחמה מכל הצדדים.

מוסיפים לסיר את הבצל, השום והצ'ילי הירוק ומבשלים 2-3 דקות, או עד שהבצל רך ושקוף.

מוסיפים לסיר את הכמון, האורגנו והפפריקה המעושנת ומערבבים לאיחוד.

מוסיפים את מרק העוף לסיר ומביאים לרתיחה.

מנמיכים את האש לנמוכה ומבשלים במשך 1-2 שעות, או עד שהבשר רך.

מתבלים במלח ופלפל לפי הטעם.

4. **<u>תבשיל חזיר ותפוחים</u>**

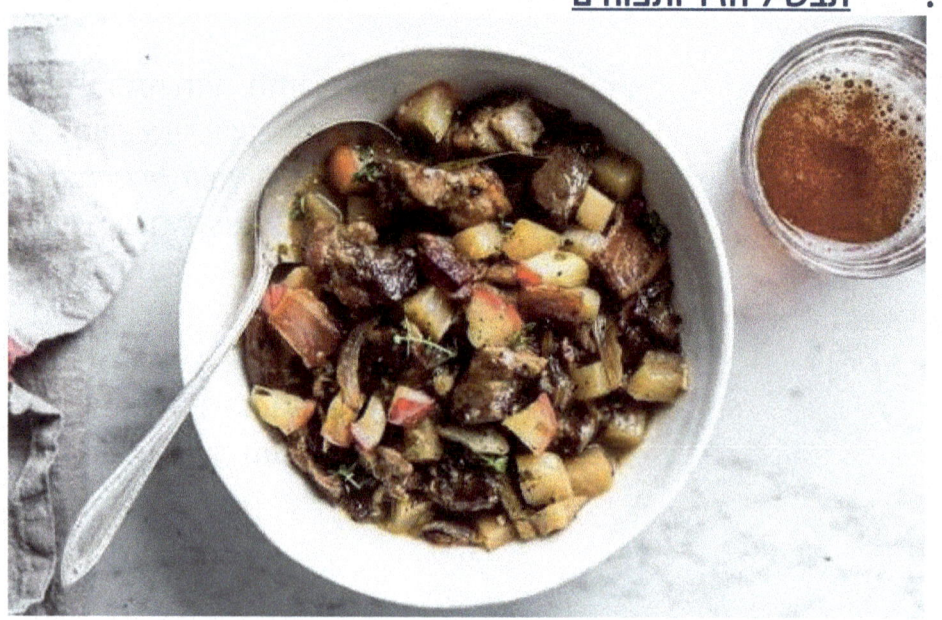

רכיבים

2 ק"ג כתף חזיר ללא עצמות, חתוכה לקוביות בגודל 1 אינץ'
2 תפוחי גרני סמית, קלופים וקצוצים
1 בצל גדול, קצוץ
4 שיני שום, קצוצות
2 כוסות מרק עוף
1 כפית טימין
1 כפית רוזמרין
מלח ופלפל, שני טעמים

הוראות

בסיר גדול או בתנור הולנדי מחממים מעט שמן על אש בינונית-גבוהה. מוסיפים את החזיר ומבשלים עד להשחמה מכל הצדדים.

מוסיפים לסיר את הבצל, השום והתפוחים ומבשלים 2-3 דקות, או עד שהבצל רך ושקוף.

מוסיפים לסיר את הטימין, הרוזמרין ומרק העוף ומביאים לרתיחה.

מנמיכים את האש לנמוכה ומבשלים במשך 1-2 שעות, או עד שהבשר רך.

מתבלים במלח ופלפל לפי הטעם.

5. <u>תבשיל חזיר והומיני</u>

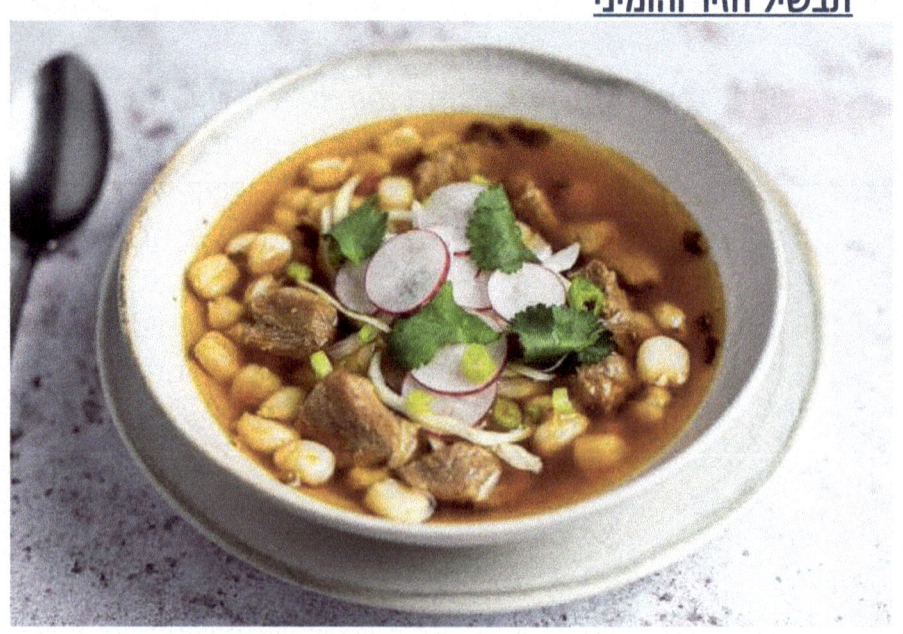

רכיבים

2 ק"ג כתף חזיר, חתוכה לקוביות בגודל 1 אינץ'
2 פחיות הומיני, סחוטות ושטיפות
1 בצל גדול, קצוץ
4 שיני שום, קצוצות
2 כוסות מרק עוף
1 כפית כמון
1 כפית אבקת צ'ילי
מלח ופלפל, שני טעמים

הוראות

בסיר גדול או בתנור הולנדי מחממים מעט שמן על אש בינונית-גבוהה. מוסיפים את החזיר ומבשלים עד להשחמה מכל הצדדים.

מוסיפים לסיר את הבצל והשום ומטגנים 2-3 דקות, או עד שהבצל רך ושקוף.

מוסיפים לסיר את אבקת הכמון והצ'ילי ומערבבים לאיחוד.

מוסיפים לסיר את מרק העוף וההומיני ומביאים לרתיחה. מנמיכים את האש לנמוכה ומבשלים במשך 1-2 שעות, או עד שהבשר רך.

מתבלים במלח ופלפל לפי הטעם.

6. תבשיל חזיר ובטטה

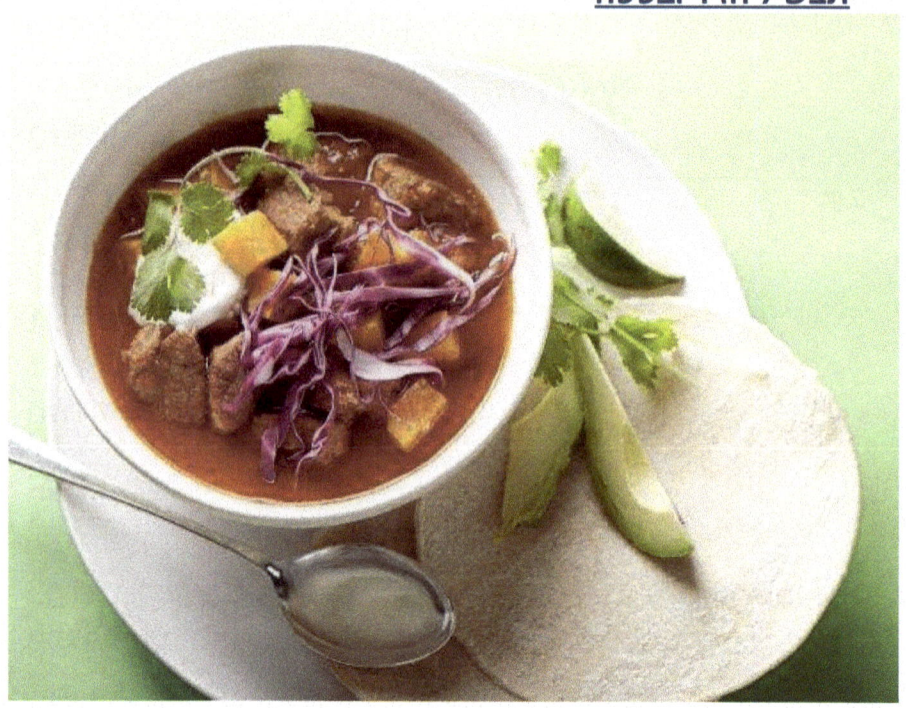

רכיבים

2 ק"ג כתף חזיר ללא עצמות, חתוכה לקוביות בגודל 1 אינץ'
2 בטטות גדולות, קלופות וקצוצות
1 בצל גדול, קצוץ
4 שיני שום, קצוצות
2 כוסות מרק עוף
1 כפית קינמון
1/2 כפית אגוז מוסקט
מלח ופלפל, שני טעמים

הוראות

בסיר גדול או בתנור הולנדי מחממים מעט שמן על אש בינונית-גבוהה. מוסיפים את החזיר ומבשלים עד להשחמה מכל הצדדים.

מוסיפים לסיר את הבצל, השום והבטטה ומבשלים 2-3 דקות, או עד שהבצל רך ושקוף.

מוסיפים לסיר את הקינמון, אגוז המוסקט ומרק העוף ומביאים לרתיחה.

מנמיכים את האש לנמוכה ומבשלים במשך 1-2 שעות, או עד שהבשר רך.

מתבלים במלח ופלפל לפי הטעם.

7. תבשיל חזיר ושעועית שחורה

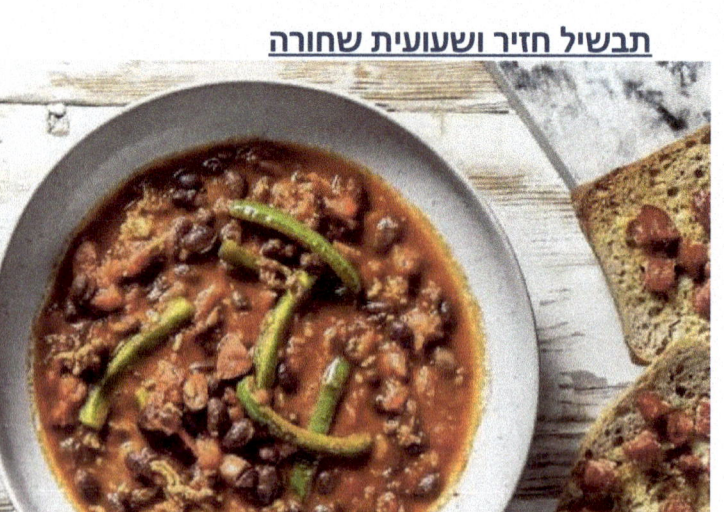

רכיבים

2 ק"ג כתף חזיר ללא עצמות, חתוכה לקוביות בגודל 1 אינץ'
2 קופסאות שעועית שחורה, מנוקזת ושטופה
1 בצל גדול, קצוץ
4 שיני שום, קצוצות
2 כוסות מרק עוף
1 כפית כמון
1 כפית אבקת צ'ילי
מלח ופלפל, שני טעמים

הוראות

בסיר גדול או בתנור הולנדי מחממים מעט שמן על אש בינונית-גבוהה. מוסיפים את החזיר ומבשלים עד להשחמה מכל הצדדים.

מוסיפים לסיר את הבצל והשום ומטגנים 2-3 דקות, או עד שהבצל רך ושקוף.

מוסיפים לסיר את אבקת הכמון והצ'ילי ומערבבים לאיחוד.

מוסיפים לסיר את מרק העוף והשעועית השחורה ומביאים לרתיחה. מנמיכים את האש לנמוכה ומבשלים במשך 1-2 שעות, או עד שהבשר רך.

מתבלים במלח ופלפל לפי הטעם.

8. <u>תבשיל חזיר וירקות</u>

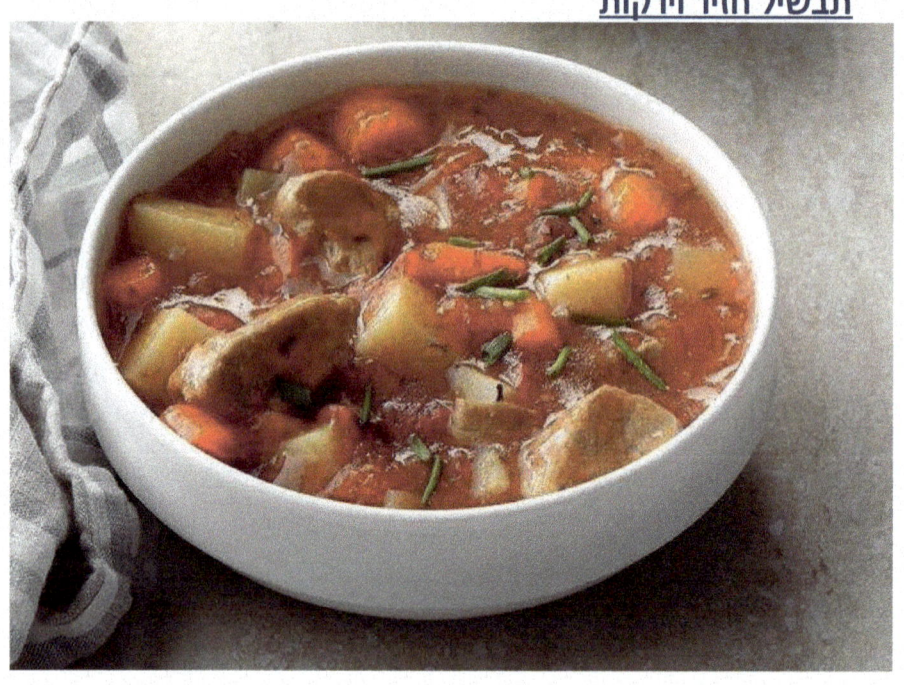

רכיבים

2 ק"ג כתף חזיר ללא עצמות, חתוכה לקוביות בגודל 1 אינץ'
2 כוסות ירקות מעורבים קצוצים
1 בצל גדול, קצוץ
4 שיני שום, קצוצות
2 כוסות מרק עוף
1 כפית טימין
1 כפית רוזמרין
מלח ופלפל, שני טעמים

הוראות

בסיר גדול או בתנור הולנדי מחממים מעט שמן על אש בינונית-גבוהה.
מוסיפים את החזיר ומבשלים עד להשחמה מכל הצדדים.
מוסיפים לסיר את הבצל, השום והירקות המעורבים ומבשלים 2-3
דקות, או עד שהבצל רך ושקוף.
מוסיפים לסיר את הטימין, הרוזמרין ומרק העוף ומביאים לרתיחה.
מנמיכים את האש לנמוכה ומבשלים במשך 1-2 שעות, או עד שהחזיר
רך והירקות מבושלים.
5. מתבלים במלח ופלפל לפי הטעם.

9. **תבשיל חזיר ותפוחים**

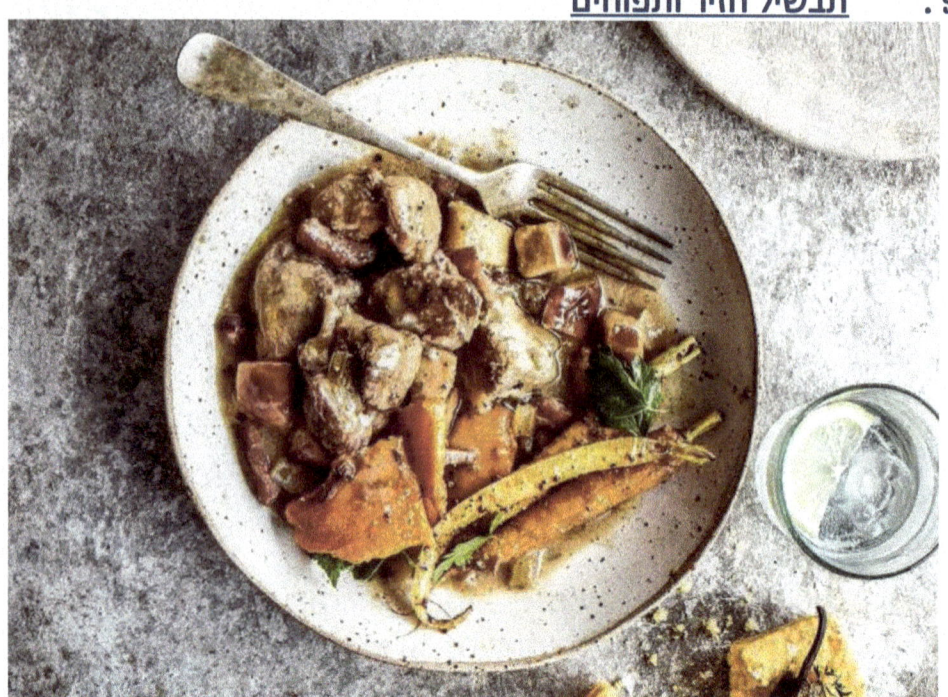

רכיבים

2 ק"ג כתף חזיר ללא עצמות, חתוכה לקוביות בגודל 1 אינץ'

2 כוסות סיידר תפוחים

2 תפוחים גדולים, קלופים וקצוצים

1 בצל גדול, קצוץ

4 שיני שום, קצוצות

2 כוסות מרק עוף

1 כפית טימין

מלח ופלפל, שני טעמים

הוראות

בסיר גדול או בתנור הולנדי מחממים מעט שמן על אש בינונית-גבוהה. מוסיפים את החזיר ומבשלים עד להשחמה מכל הצדדים.

מוסיפים לסיר את הבצל, השום והתפוחים ומבשלים 2-3 דקות, או עד שהבצל רך ושקוף.

מוסיפים לסיר את התימין, סיידר התפוחים ומרק העוף ומביאים לרתיחה.

מנמיכים את האש לנמוכה ומבשלים במשך 1-2 שעות, או עד שהבשר רך.

מתבלים במלח ופלפל לפי הטעם.

10 . תבשיל חזיר חריף

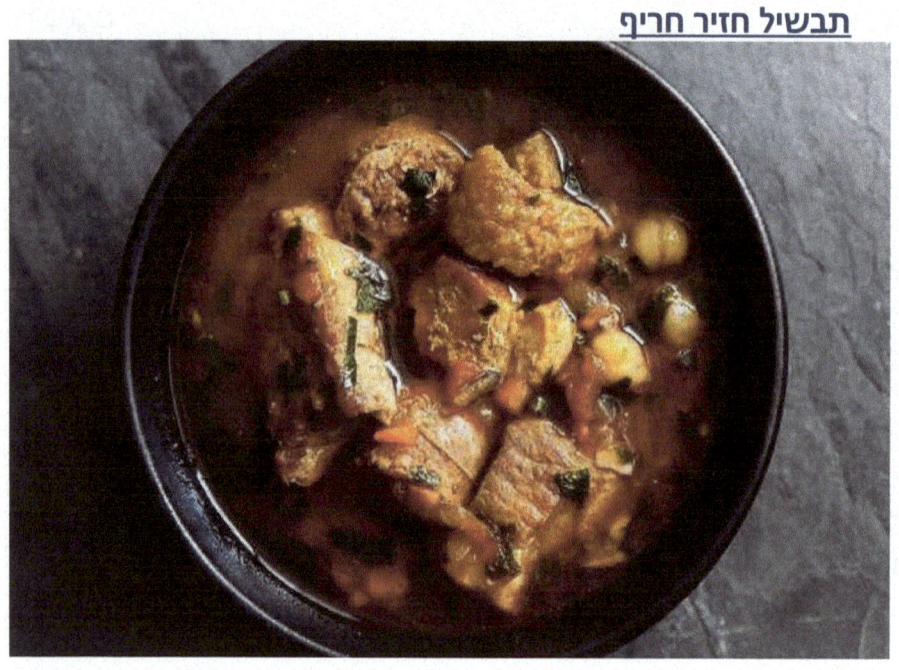

רכיבים

2 ק"ג כתף חזיר ללא עצמות, חתוכה לקוביות בגודל 1 אינץ'
1 קופסת עגבניות חתוכות לקוביות
1 בצל גדול, קצוץ
4 שיני שום, קצוצות
2 כוסות מרק עוף
2 כפות רסק עגבניות
1 כף אבקת צ'ילי
1 כפית כמון
מלח ופלפל, שני טעמים

הוראות

בסיר גדול או בתנור הולנדי מחממים מעט שמן על אש בינונית-גבוהה. מוסיפים את החזיר ומבשלים עד להשחמה מכל הצדדים.

מוסיפים לסיר את הבצל והשום ומטגנים 2-3 דקות, או עד שהבצל רך ושקוף.

מוסיפים לסיר את אבקת הצ'ילי והכמון ומערבבים לאיחוד.

מוסיפים לסיר את קוביות העגבניות, רסק העגבניות ומרק העוף ומביאים לרתיחה.
מנמיכים את האש לנמוכה ומבשלים במשך 1-2 שעות, או עד שהבשר רך.
מתבלים במלח ופלפל לפי הטעם.

11. **<u>תבשיל עדשים של ברווז חזיר</u>**

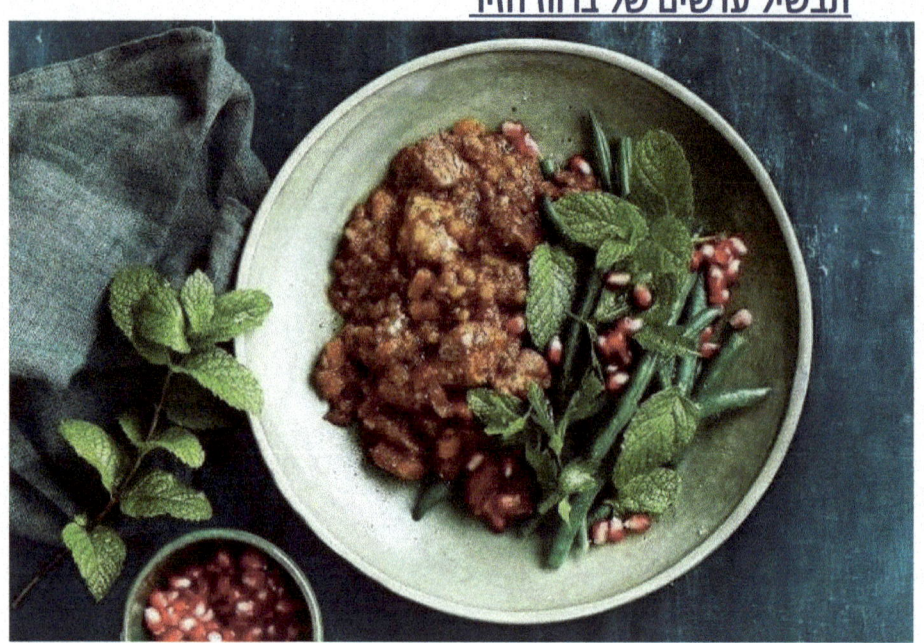

רכיבים

2 ק"ג כתף חזיר ללא עצמות, חתוכה לקוביות בגודל 1 אינץ'
2 כוסות עדשים מיובשות, שטופות ומרוקנות
1 בצל גדול, קצוץ
4 שיני שום, קצוצות
2 כוסות מרק עוף
1 כפית טימין
1 כפית פפריקה מעושנת
מלח ופלפל, שני טעמים

הוראות

בסיר גדול או בתנור הולנדי מחממים מעט שמן על אש בינונית-גבוהה.
מוסיפים את החזיר ומבשלים עד להשחמה מכל הצדדים.
מוסיפים לסיר את הבצל והשום ומטגנים 2-3 דקות, או עד שהבצל רך
ושקוף.
מוסיפים לסיר את הטימין, הפפריקה המעושנת, העדשים ומרק העוף
ומביאים לרתיחה.
מנמיכים את האש לנמוכה ומבשלים במשך 1-2 שעות, או עד שהחזיר
רך והעדשים מבושלות.
מתבלים במלח ופלפל לפי הטעם.

תבשילי בקר וטלה

12. תבשיל זנב שור

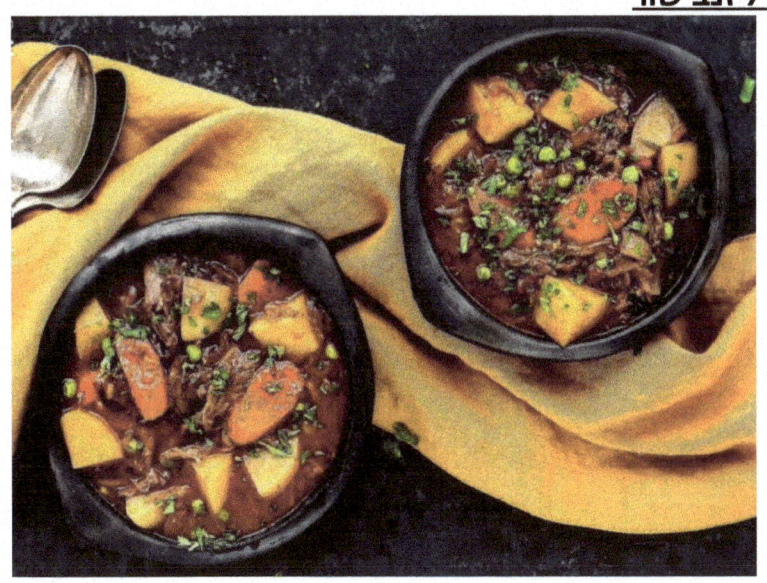

מכינה: 6 עד 8 מנות

רכיבים

½ כוס קמח לכל מטרה

3 וחצי כפיות מלח תיבול

2 כפיות פפריקה

½ כפית פלפל שחור גרוס

4 קילו זנב שור, גזוז שומן

¼ כוס שמן צמחי

1 בצל צהוב גדול, קצוץ

1 (14.5 אונקיות) פחית עגבניות חתוכות לקוביות

4 שיני שום

3 ענפי טימין טרי

3 עלי דפנה

1 (6 אונקיות) פחית רסק עגבניות

1 ליטר (32 אונקיות) מרק בקר

1 קילו בייבי גזר

1½ קילו בייבי תפוחי אדמה אדומים, קצוצים

הוראות

תופסים שקית מקפיא גדולה, ומוסיפים פנימה את הקמח, מלח התיבול, הפפריקה והפלפל השחור. נער את השקית כדי לוודא שהכל משולב היטב. התחל להוסיף את זנבות השור, אחד בכל פעם, ולנער את השקית כדי לצפות אותם. לאחר שזנבות השור מצופים, הניחו אותם על צלחת או נייר אפייה.

במחבת גדולה על אש בינונית, יוצקים את השמן הצמחי. לאחר שהשמן חם, מתחילים להוסיף את זנבות השור. משחימים את כל המשטחים של זנבות השור, כ-3 דקות מכל צד, ואז מוציאים מהמחבת ומניחים אותם בסיר איטי של 6 ליטר.

זורקים את הבצל למחבת ומטגנים עד לריכוך. מוסיפים לבישול האיטי עם זנבות השור, יחד עם העגבניות, השום, הטימין ועלי הדפנה.

מערבבים בקערה גדולה את רסק העגבניות ומרק הבקר ומערבבים עד לקבלת תערובת אחידה. יוצקים את התערובת הזו לסיר הבישול האיטי, הנח את הסיר האיטי על נמוך ומבשלים במשך 6 שעות.

מוסיפים את הגזר ותפוחי האדמה, מערבבים ומבשלים עוד שעתיים. ואז להגיש וליהנות!

13 . קדירה מגיאנה

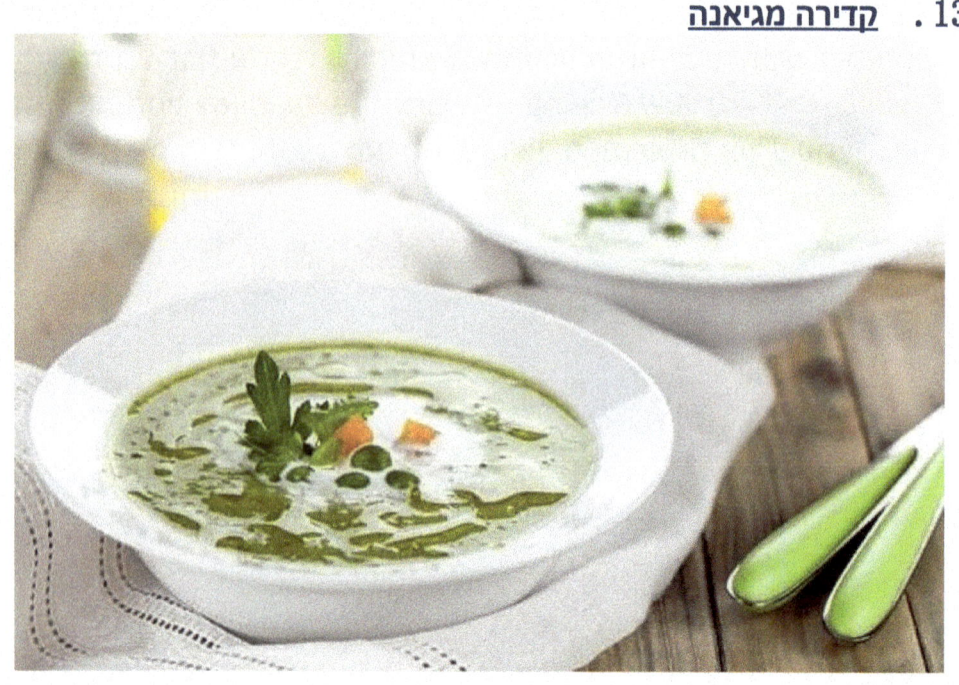

מכינה: 6 מנות

רכיבים

- 2 קילו רגל פרה, חתוך לקוביות
- 2 כפיות מלח כשר, מחולק לשלושה
- 6 שיני שום בינוניות, קצוצות דק
- 4 פלפלי וירי וירי טריים
- 2 וחצי כפיות מרק עוף, מחולק לארבעה
- 1 קילו זנב שור עם מפרקים מופרדים
- 1 קילו צ'אק בקר עם עצם, חתוך לקוביות
- 1 ¼ כוסות קסריה, מחולקת לארבעה
- 21 ענפי טימין טרי, מחולקים לשלושה
- 24 ציפורן שלמות, מחולקות לשלושה
- 3 מקלות קינמון מחולקים לשלושה
- 2 כפות סוכר חום בהיר
- 2 כפות ג'ינג'ר טרי, קלופים ומגוררים
- ½ אגוז מוסקט שלם, מגורר
- 1 רצועה של קליפת תפוז

הוראות

a) מוסיפים מלח ומרק עוף לרגל הפרה.

b) שלבו רגל פרה, קסריפ, טימין, ציפורן שלמות, מקל קינמון ו-4 כוסות מים בסיר לחץ. מבשלים בלחץ במשך שעה.

c) יוצקים את נוזלי הבישול ורגל הפרה לתנור הולנדי. מניחים בצד.

d) מתבלים את זנב השור במרק עוף ומלח.

e) בסיר הלחץ הזהה, מוסיפים את זנבות השור עם הקסריפ, הטימין, הציפורן השלמות, מקל הקינמון ו-2 כוסות מים. מבשלים בלחץ במשך 30 דקות.

f) מעבירים את זנבות השור המבושלים ואת נוזלי הבישול שלהם לתוך הסיר עם רגל הפרה.

g) מוסיפים מלח וחצי כפית. מרק עוף לצ'אק בקר.

h) שלבו באותו סיר לחץ את צ'אק הבקר, הקסריפ, הטימין, הציפורן השלמות, מקל הקינמון ו-3 כוסות מים.

i) מבשלים בלחץ במשך שלושים דקות.

j) מעבירים את צ'אק בקר מבושל ואת נוזלי הבישול שלו לתוך הסיר עם רגל הפרה וזנבות השור.

k) מוסיפים לסיר שום טחון, פלפלי וירי וירי, סוכר חום, ג'ינג'ר מגורר, אגוז מוסקט, קליפת תפוז, ואת רבע כוס הקסריפ הנותרים וכפית מרק עוף ומערבבים היטב.

l) שחו במשך 15 דקות.

m) מסירים מהאש, ואז מסירים כל שומן מפני השטח.

n) מגישים עם לחם.

14 . <u>תבשיל בקר פורטו ריקני</u>

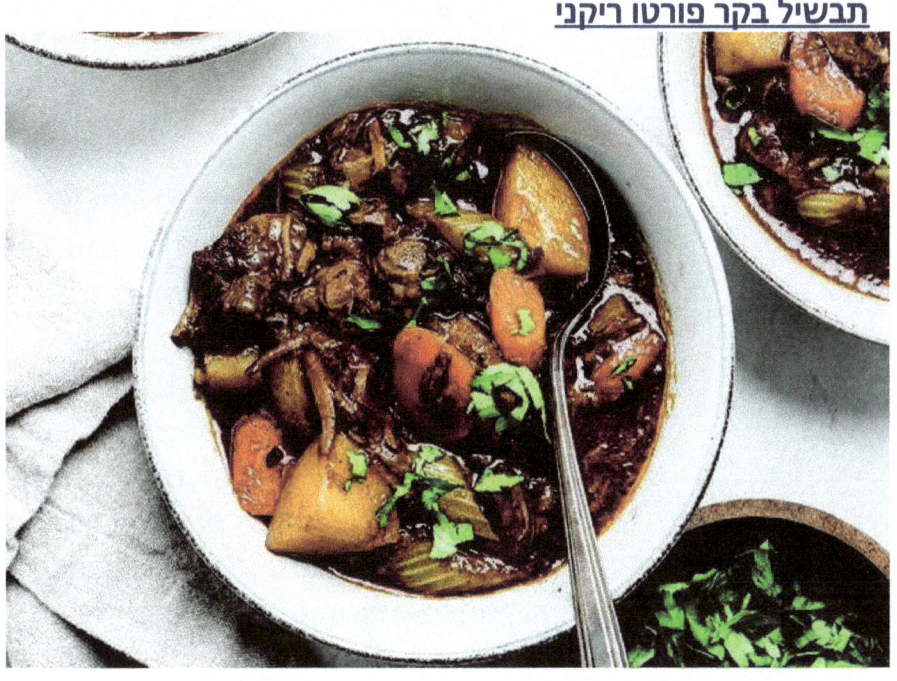

מבינה: מנה אחת

רכיבים

- 3 כפות שמן צמחי
- 1½ פאונד בשר בקר מתבשל, חתוך לקוביות
- 4 ענפי טימין טרי
- 3 גזרים, קצוצים
- ½ פאונד שעועית ירוקה, קצוצה, חצויה
- 4 עלי דפנה
- 1 בצל, קצוץ
- 3 שיני שום, קצוצות
- 1 כף פטרוזיליה טרייה קצוצה
- 2 כפות קמח לכל מטרה
- שתי קופסאות 14½ אונקיות של מרק בקר
- 2 כוסות יין אדום יבש
- 4 תפוחי אדמה חתוכים לאורכם לרבעים
- פטרוזיליה טרייה קצוצה

הוראות

a) בסיר גדול וכבד מחממים את השמן על אש גבוהה.

b) משחימים את בשר הבקר במנות. לְהַפְרִישׁ.

c) מערבבים פנימה את הבצל והשום ומבשלים חמש דקות.

d) מוסיפים קמח, פטרוזיליה, טימין ועלי דפנה.

e) מערבבים במשך 2 דקות.

f) מוסיפים את היין והמרק בהדרגה.

g) מביאים את התערובת לרתיחה ואז מוסיפים את בשר הבקר בחזרה לסיר.

h) מנמיכים את האש לבינונית-נמוכה, מכסים את הסיר ומבשלים 45 דקות.

i) מוסיפים תפוחי אדמה וגזר.

j) מבשלים כ-30 דקות, תוך ערבוב מעת לעת, עד שהבשר והירקות מבושלים.

k) מוסיפים את השעועית הירוקה ומרתיחים 10 דקות, או עד שהשעועית מבושלת והרוטב מסמיך מעט.

l) מגישים מעוטר בפטרוזיליה.

15. <u>תבשיל טלה חריף עם דייקון</u>

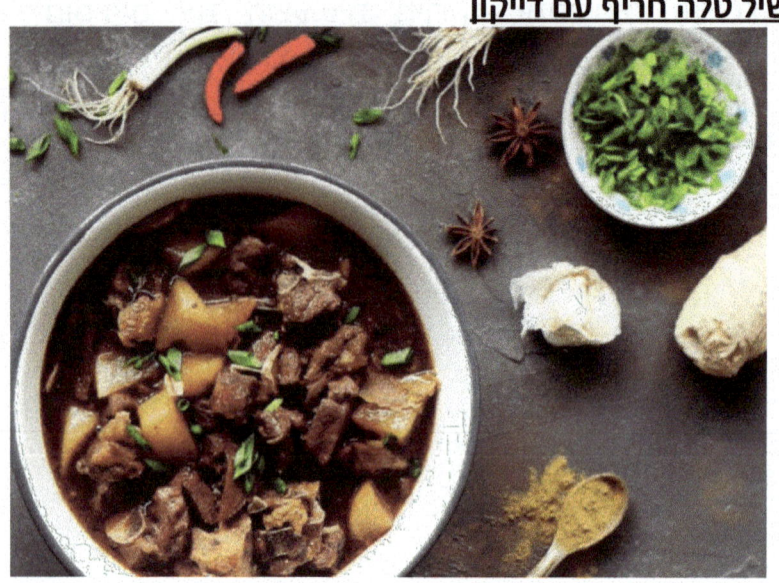

רכיבים

- 2 פאונד בשר תבשיל טלה, חתוך לחתיכות בגודל 2 אינץ'
- 3 כפות שמן זית כתית מעולה
- 5 שיני שום, קלופות ומרוסקות
- 2 צ'ילי תאילנדי, פרוסים
- ½ גרם שורש ג'ינג'ר טרי, פרוס
- ¼ כוס יין שאוקסינג או שרי
- 3 כפות רוטב סויה כהה
- 2 כפות רוטב סויה קל
- 1 כוס מרק עוף
- 1 כף סוכר חום
- 2 כפיות כמון טחון
- 3 כוכבי אניס שלמים
- 12 אונקיות דייקון, קלופים וחתוכים לקוביות
- 3 כפות עמילן תירס
- בצל ירוק קצוץ לקישוט

הוראות

a) בסיר גדול מכסים את הטלה במים ומביאים לרתיחה, כ-5 דקות. מסננים ושוטפים לניקוי. לְהַפְרִישׁ.

b) שוטפים את אותו סיר ומייבשים אותו לחלוטין או השתמשו בתנור הולנדי גדול. מחממים שמן זית על אש בינונית כ-2 דקות; להוסיף שום, צ'ילי וג'ינג'ר. מטגנים דקה או עד שמריחים.

c) הוסף כבש לתנור ההולנדי; מבשלים 5 דקות תוך ערבוב תכוף.

d) הוסף יין או שרי שאוקסינג, ואחריו רוטב סויה כהה, רוטב סויה בהיר, מרק עוף, סוכר חום וכמון טחון. זורקים למחבת כוכב אניס ומעבירים לאש גבוהה. מכסים ומביאים לרתיחה. מנמיכים את האש לנמוכה, מבשלים חצי שעה.

e) 45 דקות לפני סיום הבישול, מוסיפים דייקון לתבשיל הטלה, מערבבים כדי לצפות ברוטב וממשיכים לבשל עד לסיום.

f) ממיסים עמילן תירס ב-¼ כוס מים קרים ומערבבים לתוך תבשיל הטלה. לאחר שהתבשיל הסמיך, מכבים את האש.

g)   מקשטים בבצל ירוק ומגישים על אורז או פירה.

16. בורשט בקר בבישול איטי בסגנון שנגחאי

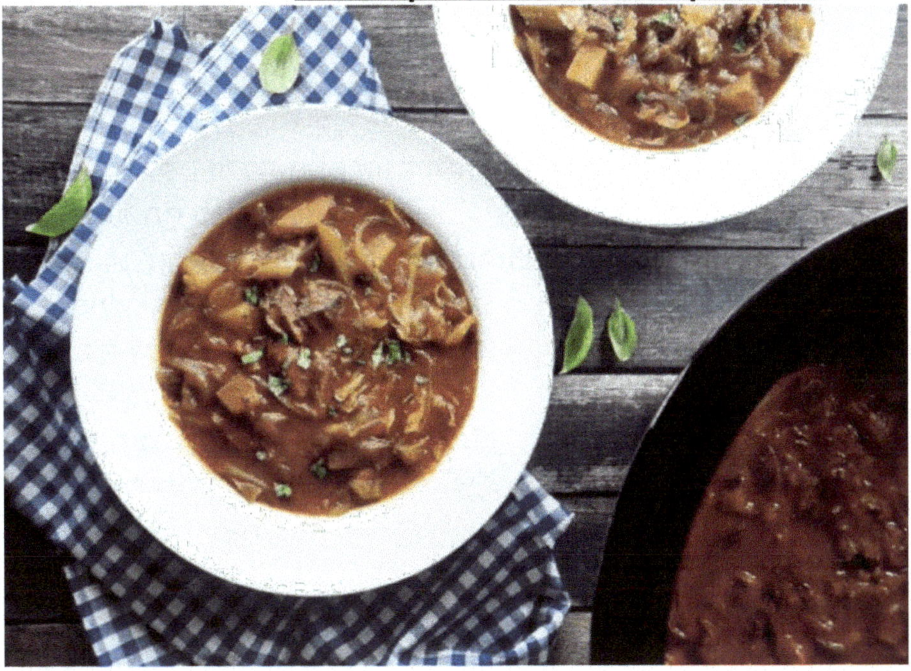

רכיבים

- 2 כפות שמן זית
- 2 כוסות מרק עצמות בקר (1 קרטון)
- 2 כפות חמאה
- 1 פחית רסק עגבניות (6 אונקיות).
- ¼ כוס קמח לכל מטרה
- 1 (14.5 אונקיות) פחית עגבניות חתוכות לקוביות
- 1 בצל בינוני, פרוס
- 1 עלה דפנה
- 1 קילו בשר תבשיל בקר
- 1 כפית מלח
- 2 גבעולי סלרי, קצוצים
- 2 כפות סוכר חום
- 1 כוס גזר, קצוץ
- ½ כפית פלפל שחור גרוס
- 1 תפוח אדמה אדום אדום, חתוך לקוביות
- 3 כוסות כרוב ירוק, פרוס דק
- 4 שיני שום, קצוצות
- בזיליקום טרי קצוץ לקישוט

הוראות

a) מכינים רו על ידי המסת חמאה עם שמן זית על אש בינונית במחבת. לאחר שהחמאה נמסה לחלוטין, מנמיכים את האש לנמוכה, מוסיפים קמח; מערבבים כל הזמן עד שהתערובת מתערבבת וחלקה.

b) מוסיפים בצל לתוך הרוקס; מגבירים את האש לחום בינוני-גבוה. מערבבים עד שהבצל מצופה היטב וריחני; להעביר את התערובת לסיר לבישול איטי.

c) מניחים את כל שאר המרכיבים מלבד הכרוב בתנור האיטי. מערבבים היטב, מכסים ומבשלים על נמוך במשך 8 שעות.

d) מוסיפים כרוב, מעבירים את התנור האיטי למצב גבוה. מבשלים עוד 30 דקות או עד שהכרוב רך.

e) טועמים ומוסיפים עוד מלח או סוכר אם רוצים. מנה, מקשטים בבזיליקום ומגישים עם הלחם האהוב עליכם.

17. תבשיל עגל עם פולנטה לבנה

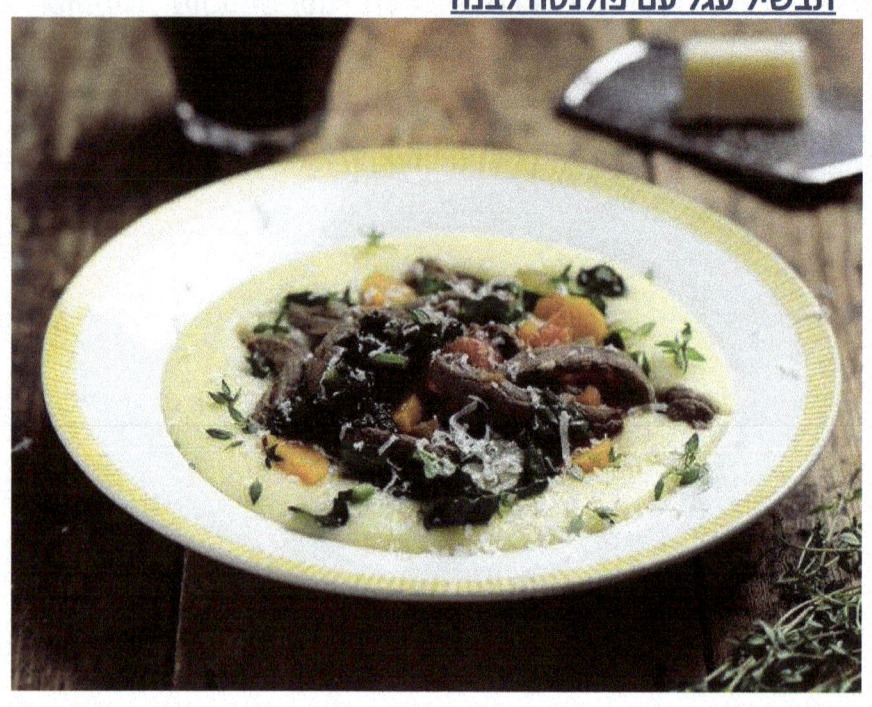

מכינה: 9 מנות

רכיבים

- 2 קילו בשר תבשיל עגל רזה
- 2 כפות שמן זית
- 3 שיני שום, קצוצות
- 2 כוסות גזר פרוס, (3/4 אינץ')
- 1½ כוסות בצל פנינה קפוא
- ¼ כוס פטרוזיליה עלים שטוחים טריים קצוצים
- ½ כפית בזיליקום שלם מיובש
- ¼ כפית מלח
- ¼ כפית פלפל
- 2 כוסות יין אדום יבש
- 1 כוס שימורים עגבניות מרוסקות
- 10½ אונקיות מרק עוף דל נתרן, (פחית אחת)
- 2 עלי דפנה
- 4 כוסות פטריות טריות חצויות
- 2 כפיות עמילן תירס
- 1 כפית מים
- פולנטה לבנה
- 3 כפות גבינת פרמזן מגורדת
- פטרוזיליה שטוחה, (לא חובה)
- 1½ כוסות פולנטה
- ¾ כפית מלח
- 5 כוסות מים
- 1 שן שום, כתושה

הוראות

a) לקצץ שומן מבשר עגל. חותכים את בשר העגל לקוביות בגודל 1-½ אינץ'.

b) מחממים שמן בתנור הולנדי גדול על חום בינוני-גבוה. מוסיפים בשר עגל ושום; מבשלים 5 דקות או עד שבשר העגל מאבד את צבעו הוורוד. הוסף גזר ו-9 **המרכיבים הבאים** ; להביא לרתיחה.

c) מכסים, מנמיכים את האש ומבשלים במשך שעה ו-15 דקות.

d) מוסיפים פטריות ומבשלים, ללא מכסה, 45 דקות או עד שהעגל רך.

e) שלב עמילן תירס ומים; להוסיף לתבשיל. מבשלים 2 דקות או עד שמסמיך מעט, תוך ערבוב מתמיד. לזרוק עלי דפנה.

f) מצקת פולנטה לבנה לקערות פסטה אישיות; למעלה עם תבשיל. מפזרים גבינה.

עבור פולנטה לבנה:

g) מערבבים פולנטה ומלח בסיר גדול. מוסיפים מים ושום בהדרגה תוך כדי ערבוב מתמיד עם מטרפה. להביא לרתיחה; להפחית את החום לבינוני-נמוך.

h) מבשלים, ללא מכסה, 15 דקות או עד שמסמיך, תוך ערבוב תכוף.

18. מרק בשר בקר ובטטה מקסיקני

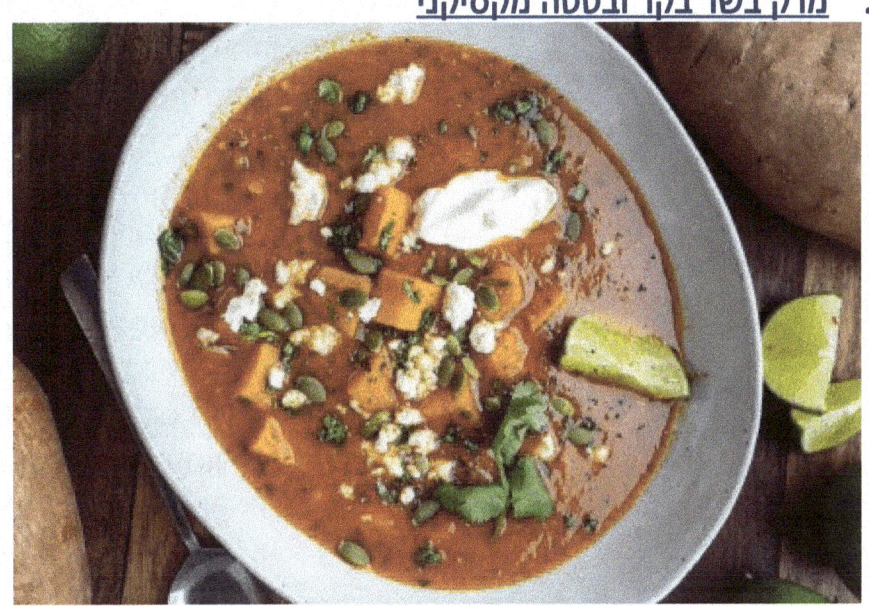

רכיבים

- 1 כף שמן אבוקדו מזוכך או שמן זית
- 1 קילו בקר נזיד רזה
- 1 כפית מלח כשר
- 1 כוס בצל קצוץ
- 1 כפית שום טחון
- 1 כוס פלפל חריף מתוק קצוץ
- 2 כוסות בטטה, קלופה וקצוצה
- 1 כפית אבקת צ'ילי
- 1 כפית אורגנו מיובש
- 1 כפית כמון טחון
- 14 אונקיות סלסה אדומה
- מרק עוף, 2 כוסות
- 2 כפיות מיץ ליים
- ⅓ כוס כוסברה קצוצה
- מלח כשר לפי הטעם
- פלפל שחור גרוס לפי הטעם

הוראות

a) מחממים מחבת ברזל יצוק גדולה על אש גבוהה.

b) מוסיפים תבשיל בקר ומפזרים מלח. מערבבים בשר בקר עד להשחמה, 5 דקות. בעזרת כף מחוררת מוציאים את הבשר ומעבירים לצלחת. לְהַפְרִישׁ.

c) מניחים במחבת בצל, שום ופלפל על אש בינונית-גבוהה, תוך ערבוב מדי פעם עד שהבצל והשום ריחניים והפלפלים רכים או כ-5 דקות.

d) מוסיפים את הבטטה, אבקת הצ'ילי, האורגנו, הכמון, המרק והסלסה. מערבבים היטב. להביא לרתיחה. לאחר מכן, מכסים ומבשלים במשך 30 דקות או עד שהבטטה רכה במזלג.

e) מערבבים פנימה מיץ ליים, כוסברה, מלח ופלפל. מניחים להתחמם על אש נמוכה, כ-4 דקות.

f) מצקת את מרק המרק לתוך צנצנות מוכנות, או ליטר או ליטר, ומשאירים רווח של 1 אינץ'.

g) אוטמים עם מכסי שימורים משני חלקים כדי להדק באצבע.

h) עבדו את הצנצנות במיכל הלחץ המחומם מראש למשך 40 דקות.

i) כאשר זמן העיבוד מסתיים, כבה את האש ואפשר לקופסה להגיע לטמפרטורת החדר באופן טבעי.

j) כשהם מתקררים, הסר את הצנצנות מהקופסה ובדוק את האטימות.

עושה: 6 עד 8

רכיבים

- 5 פאונד צלעות בקר קצרות ללא עצמות או תבשיל בקר, חתוך לקוביות בגודל 1½ אינץ'
- מלח כשר ופלפל שחור גרוס טרי
- ½ כוס קמח לכל מטרה
- 1 צרור טימין קטן
- 3 עלי דפנה מיובשים
- שמן זית כתית
- 1 ראש שום, מופרד לשיניים, קלוף ופרוס דק
- 2 כרישות, פרוסות לחצאי ירח דקות ומנוקות
- 3 גבעולי סלרי, חתוכים לפרוסות בגודל 1 אינץ'; ¼ כוס עלי סלרי שמורים לקישוט
- 2 כוסות בצל פנינה קלוף
- 1 (6 אונקיות) פחית רסק עגבניות
- 1 (750 מ"ל) בקבוק יין אדום (כגון קברנה סוביניון, זינפנדל או סירה)
- 2 ליטר ציר בקר, ועוד במידת הצורך
- 1½ פאונד גזר, קלוף וחתוך לקוביות גדולות
- ¼ כוס (½ מקל) חמאה ללא מלח
- 1 קילו פטריות קרמיני, קצוצות, חתוכות לרבעים אם הן גדולות
- 1 כף חומץ יין אדום
- פירה תפוחי אדמה קלאסי להגשה (לא חובה)

הוראות

a) מכינים את בשר הבקר ועשבי התיבול. לייבש את בשר הבקר עם נייר סופג. מתבלים מכל הצדדים ב-1 כף מלח ובחצי כפית פלפל. מניחים את הקמח בקערה גדולה. מוסיפים את הבשר ומערבבים לציפוי. מעבירים את הבשר למסננת דקה ומנקים את עודפי הקמח. מעבירים לצלחת גדולה. קושרים את הטימין ועלי הדפנה יחד עם חוט קצבים.

b) משחימים את בשר הבקר. בתנור הולנדי גדול מחממים 1 כף שמן זית על בינוני-גבוה עד שהוא חם. עובדים בקבוצות ומוסיפים עוד שמן לפי הצורך, מוסיפים את הבשר בשכבה אחת ואחידה. מבשלים, הופכים מדי פעם, במשך 5 עד 8 דקות לכל אצווה, עד להשחמה היטב מכל הצדדים. מעבירים לצלחת נקייה, משאירים בסיר חתיכות שחומות (ציר). (אם הפונדק שחור ושרוף, גרדו אותו והשליכו, שטפו ונגבו את הסיר.)

c) מבשלים את הארומטיות. מחממים את הציר על בינוני עד שהוא חם. (אם הסיר נראה יבש, מוסיפים 1 כף שמן זית.) מוסיפים את השום. מבשלים, תוך ערבוב מדי פעם, במשך 1 עד 2 דקות, עד שהשום שחום קל וריחני. מוסיפים את הכרישה, הסלרי ובצל הפנינה ומתבלים במלח ופלפל. מבשלים, תוך ערבוב מדי פעם, במשך 5 עד 6 דקות, עד להשחמה קלה. מוסיפים את רסק העגבניות ומבשלים, תוך ערבוב תכוף, במשך 6 עד 7 דקות, עד שהרסק אדום כהה.

d) צמצמו את היין. מוסיפים את היין ומגבירים את האש לבינונית-גבוהה. מבשלים, תוך ערבוב מדי פעם ומגרדים כל חתיכות שחומות מתחתית הסיר, במשך 8 עד 9 דקות, עד שהיין מצטמצם בשני שליש.

e) מטגנים את בשר הבקר. מוסיפים את הציר ומתבלים במלח ופלפל. מגבירים את האש לגבוהה ומביאים לרתיחה. מחזירים את בשר הבקר לסיר, יחד עם כל המיצים שהצטברו. הוסף את צרור עשבי התיבול. מנמיכים את האש לנמוכה, מכסים ומבשלים במשך שעתיים 20 דקות עד שעתיים 30 דקות, עד שהבשר מתרכך. אם הפריזה נראית יבשה, מוסיפים עוד ציר, ½ כוס בשעה.

f) מוסיפים את הגזר. במידת הצורך, הסר כל עודפי שומן. מוסיפים את הגזר ומגבירים את האש לבינונית. מבשלים ללא מכסה, תוך ערבוב מדי פעם, במשך 40 עד 45 דקות, עד שהגזר רך והפלטה מסמיכה. מתבלים במלח ופלפל.

g) מבשלים את הפטריות. בזמן שהפריז רותח, ממיסים את החמאה במחבת גדולה על בינונית-גבוהה. מוסיפים את הפטריות. מבשלים, תוך כדי ערבוב רק כמה פעמים, במשך 7 עד 8 דקות, עד להשחמה. מתבלים במלח ופלפל.

h) מסיימים את הפלטה. מערבבים את הפטריות לתוך הפלטה. מבשלים 15 עד 20 דקות, עד שמסמיך מעט. מסירים מהאש. זורקים את צרור עשבי התיבול ומערבבים פנימה את החומץ. מתבלים במלח ופלפל. מעבירים לכלי הגשה או לקערות אישיות. מקשטים בעלי הסלרי ומגישים עם פירה תפוחי האדמה.

20. <u>מרק בשר בקר וירקות</u>

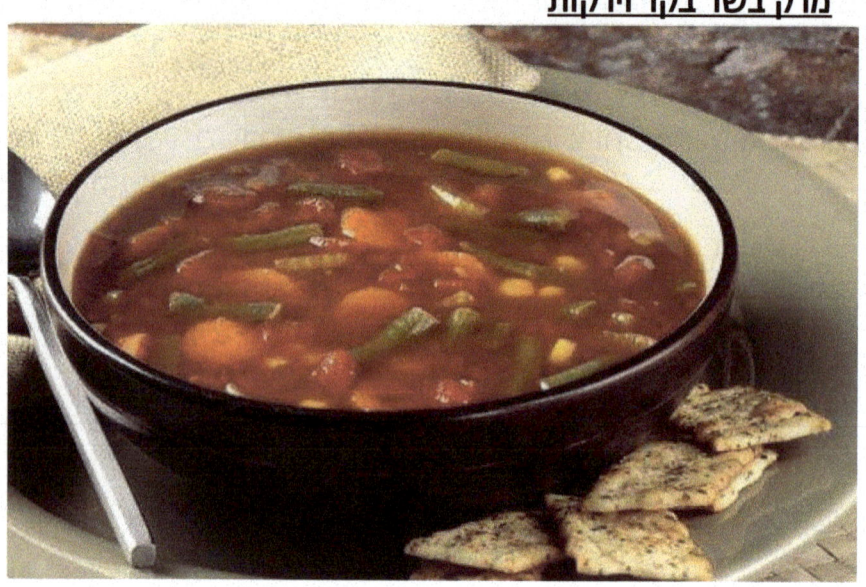

רכיבים

- 16 אונקיות של רוטב עגבניות
- 1 פלפל חריף אדום
- 1 כפית מלח
- 1 כרוב, קצוץ
- 15 אונקיות אפונה אנגלית
- 1 קילו תבשיל בקר, חתוך לקוביות
- 1 כפית פלפל
- 7 כוסות מים
- 2 עצמות מרק בקר
- 4 תפוחי אדמה, חתוכים לקוביות
- 4 גזרים, קצוצים
- 17 אונקיות תירס גרעיני שלם

הוראות

a) מערבבים את החומרים בקרוקפוט.

b) מבשלים על נמוך במשך 3 שעות.

21. מרק מרק ג'ומאו בסיר מרק

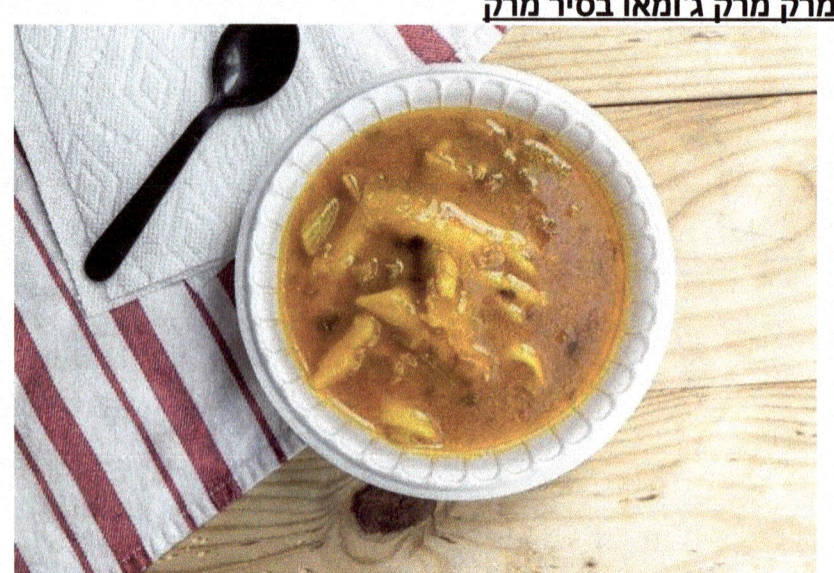

רכיבים

- 1 כוס פלוס 1 כף חומץ לבן מזוקק, מחולק
- 1 קילו שוק בקר, חתוך לקוביות ושטוף בחומץ
- 2 לפת, קצוצות דק
- 1 מצנפת סקוטית ירוקה או צ'ילי הבנורו
- 1 קילו תבשיל צ'אק בקר, חתוך לקוביות ושטוף בחומץ
- 1 כוס בסיס התיבול של Epi
- 1 דלעת קלבזה בינונית, קלופה וחתוכה לקוביות
- 3 תפוחי אדמה רדומים, קצוצים דק
- 3 כפות מיץ ליים טרי
- 1 כף מלח מתובל
- 15 כוסות מרק בקר או ירקות, מחולקים
- 1 קילו עצמות בקר
- 3 גזרים, פרוסים
- ½ כרוב ירוק, פרוס דק מאוד
- 1 בצל, פרוס
- 1 גבעול סלרי, קצוץ גס
- 1 כרישה, חלק לבן וירוק חיוור בלבד, קצוץ דק
- 1 ענף טימין
- 2 כפות שמן זית
- 1½ כוסות ריגטוני
- 6 ציפורן שלמות
- 1 כפית אבקת שום
- 1 כפית אבקת בצל
- 2 וחצי כפיות מלח כשר ועוד
- ½ כפית פלפל שחור גרוס טרי, ועוד
- קורט פלפל קאיין ועוד
- 1 ענף פטרוזיליה
- 1 כף חמאה ללא מלח

שתי מנות

- לחם פריך

הוראות

a)‏ שלבו מיץ ליים, מלח מתובל ובסיס התיבול של Epi.

b)‏ מוסיפים בשר בקר, ומשרים לפחות 30 דקות או לילה.

c)‏ בסיר מרק מאוד מחממים 5 כוסות מרק על אש בינונית.

d)‏ מוסיפים את בשר הבקר הכבוש ואת העצמות, מכסים את הסיר ומבשלים כ-40 דקות.

e)‏ שים דלעת בסיר על גבי בשר הבקר, מכסים אותו ומבשלים במשך 20 עד 25 דקות, או עד שהמזלג רך.

f)‏ מעבירים את הסקווש לבלנדר. מוסיפים 4 כוסות מרק וטוחנים עד לקבלת מחית חלקה.

g)‏ מחזירים לסיר ומבשלים.

h)‏ מוסיפים את 6 כוסות המרק הנותרות, את תפוחי האדמה, הגזר, הכרוב, הבצל, הסלרי, הכרישה, הלפת, הצ'ילי, ריגטוני, השיניים, אבקת השום, אבקת הבצל, המלח, הפלפל, קורט קאיין ושאר הירקות.

i)‏ שחו במשך 30 דקות.

j)‏ מוסיפים את השמן, החמאה והכף האחרונה של החומץ.

k)‏ מבשלים 15-20 דקות נוספות בחום בינוני-נמוך, או עד שהבשר רך במיוחד.

l)‏ מגישים את מרק המרק בקערות עם הלחם בצד.

22. **טאג'ין**

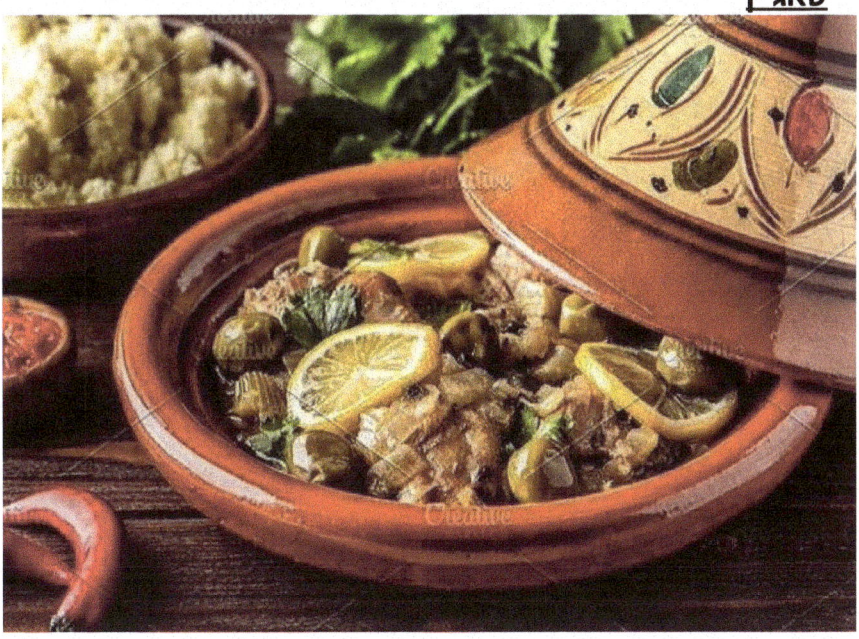

רכיבים

- קצת שמן זית
- קצת חמאה
- 500 גרם טלה קצוץ (ללא עצמות)
- 1 בצל
- 1 חתיכה של שורש ג'ינג'ר טרי
- 1 חתיכת קינמון (בערך 5 ס"מ)
- מגע של זעפרן
- 200 גר' פירות יבשים
- 25 גרם שומשום
- מלח ופלפל שחור גרוס טרי לפי הטעם

הוראות

(a) מטגנים בשר, בצל ותיבול עד שהבשר משחים.

(b) שמים בשר ובצל בסיר.

(c) מוסיפים מים עד לרמה שרק מכסה את הבשר, שים את המכסה על הסיר ותבשל במשך כשעה.

(d) מוסיפים פירות יבשים, ומבשלים עוד 30 דקות.

(e) צולים שומשום בגריל או במחבת יבשה עד שהוא חום.

(f) מוציאים את הקינמון ומכסים את הכלי בשומשום הקלוי.

23 . תבשיל טלה חריף עם דייקון

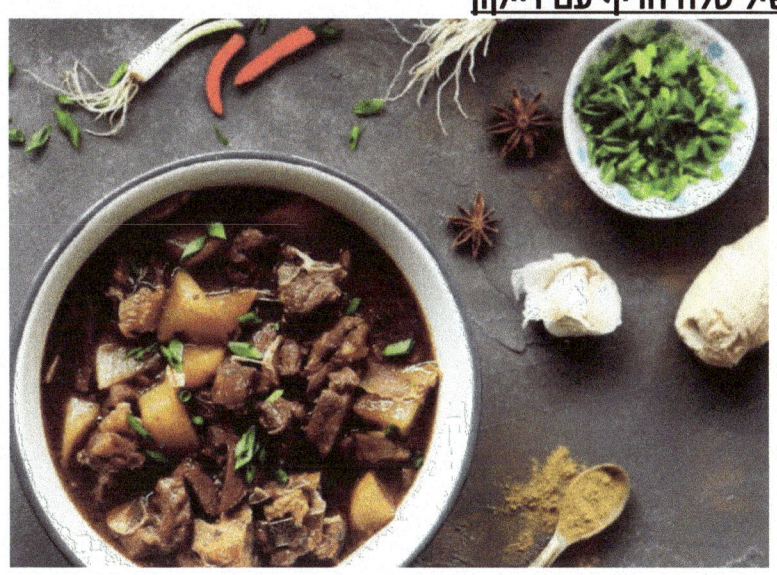

רכיבים

- 2 פאונד בשר תבשיל טלה, חתוך לחתיכות בגודל 2 אינץ'
- 3 כפות שמן זית כתית מעולה
- 5 שיני שום, קלופות ומרוסקות
- 2 צ'ילי תאילנדי, פרוסים
- ½ גרם שורש ג'ינג'ר טרי, פרוס
- ¼ כוס יין שאוקסינג או שרי
- 3 כפות רוטב סויה כהה
- 2 כפות רוטב סויה קל
- 1 כוס מרק עוף
- 1 כף סוכר חום
- 2 כפיות כמון טחון
- 3 כוכבי אניס שלמים
- 12 אונקיות דייקון, קלופים וחתוכים לקוביות
- 3 כפות עמילן תירס
- בצל ירוק קצוץ לקישוט

הוראות

h) בסיר גדול מכסים את הטלה במים ומביאים לרתיחה, כ-5 דקות. מסננים ושוטפים לניקוי. לְהַפְרִישׁ.

i) שוטפים את אותו סיר ומייבשים אותו לחלוטין או השתמשו בתנור הולנדי גדול. מחממים שמן זית על אש בינונית כ-2 דקות; להוסיף שום, צ'ילי וג'ינג'ר. מטגנים דקה או עד שמריחים.

j) הוסף כבש לתנור ההולנדי; מבשלים 5 דקות תוך ערבוב תכוף.

k) הוסף יין או שרי שאוקסינג, ואחריו רוטב סויה כהה, רוטב סויה בהיר, מרק עוף, סוכר חום וכמון טחון. זורקים למחבת כוכב אניס ומעבירים לאש גבוהה. מכסים ומביאים לרתיחה. מנמיכים את האש לנמוכה, מבשלים חצי שעה.

l) 45 דקות לפני סיום הבישול, מוסיפים דייקון לתבשיל הטלה, מערבבים כדי לצפות ברוטב וממשיכים לבשל עד לסיום.

m) ממיסים עמילן תירס ב-¼ כוס מים קרים ומערבבים לתוך תבשיל הטלה. לאחר שהתבשיל הסמיך, מכבים את האש.

ח)‏ מקשטים בבצל ירוק ומגישים על אורז או פירה.

24. מרק אטריות בקר (סגנון סצ'ואן)

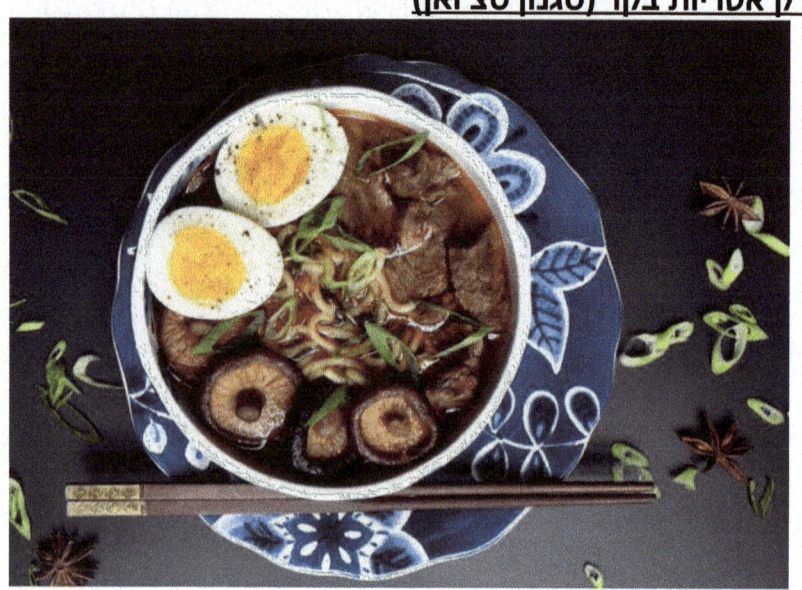

רכיבים

- 1 קילו בשר תבשיל בקר
- ¼ כוס רוטב שעועית צ'ילי חריף
- 4 אונקיות גרגיר הנחלים
- 2 כפות סוכר חום
- 12-15 פטריות שיטאקי
- 5 כפות שמן זית, מחולק
- 4 ביצים, מבושלות רכות
- אניס 3 כוכבים
- 8 אונקיות אטריות סיניות, או ראמן, או אודון
- 2 כפיות אבקת חמישה תבלינים
- גוש ג'ינג'ר בגודל 1 אינץ', פרוס
- 2 כפות רוטב סויה
- 4 שיני שום, מרוסקות ופרוסות גס
- 1 גבעול בצל ירוק, קצוץ לקישוט
- 5 כוסות מרק בקר
- שמן שומשום
- 1 כף יין אדום
- מלח ופלפל

הוראות

a) מניחים בשר תבשיל בקר בקערה בינונית; להוסיף יין אדום וקורט מלח ופלפל; מערבבים היטב.

b) בסיר גדול מחממים 2 כפות שמן זית על אש בינונית-גבוהה; מוסיפים בשר בקר מתובל, מערבבים עד שהחלק החיצוני של הבקר מתחיל להזהיב (בערך 5 דקות).

c) הוסף 5 כוסות מרק בקר לתוך הסיר. מעבירים לאש גבוהה ומביאים לרתיחה ואז מבשלים.

d) בזמן שהבשר מתבשל מחממים 3 כפות שמן זית על אש בינונית-גבוהה במחבת קטנה (כ-2 דקות).

e) מוסיפים סוכר ומטגנים עד שהוא מתחיל להזהיב; בעת הוסף כוכב אניס, אבקת חמשת תבלינים, ג'ינג'ר ושום; מערבבים כ-10 שניות;

להוסיף במהירות רוטב שעועית צ'ילי. מערבבים היטב ומבשלים על נמוך כדקה.

f) מעבירים את תערובת רוטב שעועית הצ'ילי לסיר הגדול; מוסיפים רוטב סויה, ואז מבשלים במשך 25 דקות.

g) בינתיים מרתיחים את הביצים. (הביאו 4 כוסות מים לרתיחה בסיר קטן, הוסיפו בעדינות ביצים והניחו להן לרתיחה במשך 4 וחצי דקות עבור ביצים רכות או 5 דקות עבור ביצים קשות. מסננים ונותנים לביצים לשבת במים קרים למשך 5 דקות לפני הקילוף.)

h) לאחר 25 דקות של רתיחה, מוסיפים לסיר אטריות ופטריות; להביא לרתיחה. ברגע שמרק מרק אטריות הבקר רותח, מוסיפים גרגיר נחלים ומיד מכבים את האש. מערבבים עד שהירק מתחיל לנבול.

i) להגשה, מחלקים את מרק מרק האטריות ל-4 קערות באופן שווה; לטפטף שמן שומשום. מניחים בכל קערה ביצה רכה אחת; מפזרים בצל ירוק קצוץ. תהנה!

25. בורשט בקר בבישול איטי בסגנון שנגחאי

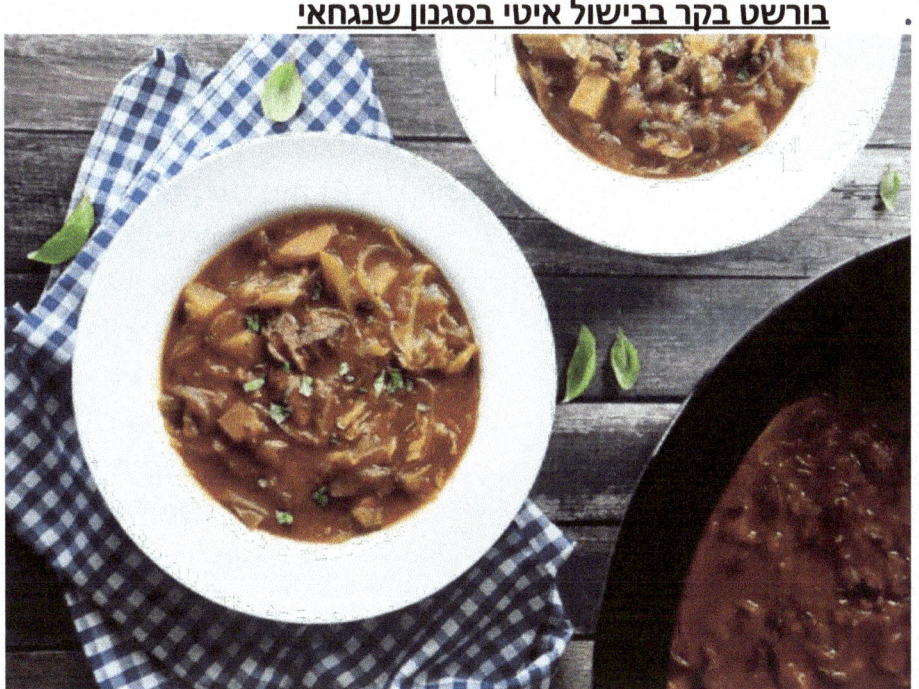

רכיבים

- 2 כפות שמן זית
- 2 כוסות מרק עצמות בקר (1 קרטון)
- 2 כפות חמאה
- 1 פחית רסק עגבניות (6 אונקיות).
- ¼ כוס קמח לכל מטרה
- 1 (14.5 אונקיות) פחית עגבניות חתוכות לקוביות
- 1 בצל בינוני, פרוס
- 1 עלה דפנה
- 1 קילו בשר תבשיל בקר
- 1 כפית מלח
- 2 גבעולי סלרי, קצוצים
- 2 כפות סוכר חום
- 1 כוס גזר, קצוץ
- ½ כפית פלפל שחור גרוס
- 1 תפוח אדמה אדום אדום, חתוך לקוביות
- 3 כוסות כרוב ירוק, פרוס דק
- 4 שיני שום, קצוצות
- בזיליקום טרי קצוץ לקישוט

הוראות

f) מבינים רו על ידי המסת חמאה עם שמן זית על אש בינונית במחבת. לאחר שהחמאה נמסה לחלוטין, מנמיכים את האש לנמוכה, מוסיפים קמח; מערבבים כל הזמן עד שהתערובת מתערבבת וחלקה.

g) מוסיפים בצל לתוך הרוקס; מגבירים את האש לחום בינוני-גבוה. מערבבים עד שהבצל מצופה היטב וריחני; להעביר את התערובת לסיר לבישול איטי.

h) מניחים את כל שאר המרכיבים מלבד הכרוב בתנור האיטי. מערבבים היטב, מכסים ומבשלים על נמוך במשך 8 שעות.

i) מוסיפים כרוב, מעבירים את התנור האיטי למצב גבוה. מבשלים עוד 30 דקות או עד שהכרוב רך.

j) טועמים ומוסיפים עוד מלח או סוכר אם רוצים. מנה, מקשטים בבזיליקום ומגישים עם הלחם האהוב עליכם.

26. מרק בשר בקר ובטטה מקסיקני

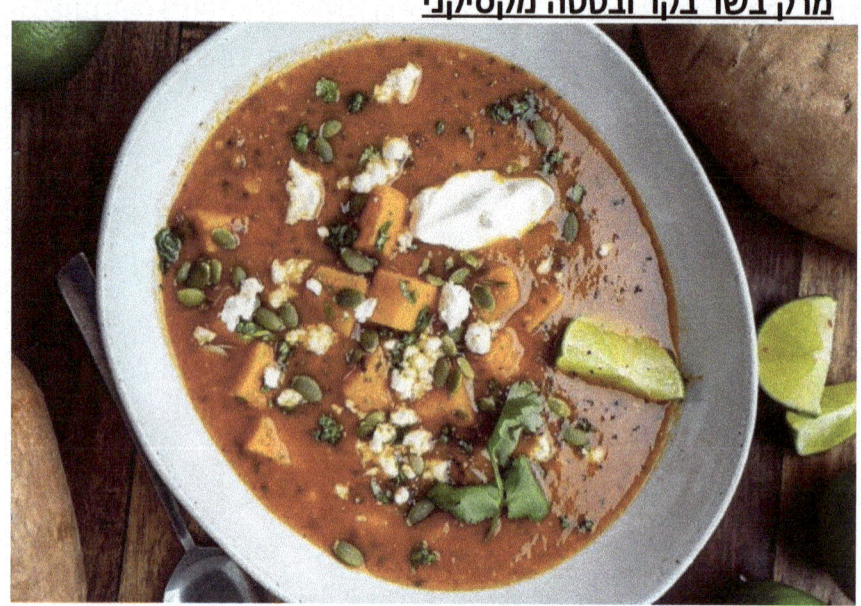

רכיבים

- 1 כף שמן אבוקדו מזוכך או שמן זית
- 1 קילו בקר נזיד רזה
- 1 כפית מלח כשר
- 1 כוס בצל קצוץ
- 1 כפית שום טחון
- 1 כוס פלפל חריף מתוק קצוץ
- 2 כוסות בטטה, קלופה וקצוצה
- 1 כפית אבקת צ'ילי
- 1 כפית אורגנו מיובש
- 1 כפית כמון טחון
- 14 אונקיות סלסה אדומה
- מרק עוף, 2 כוסות
- 2 כפיות מיץ ליים
- ⅓ כוס כוסברה קצוצה
- מלח כשר לפי הטעם
- פלפל שחור גרוס לפי הטעם

הוראות

a) מחממים מחבת ברזל יצוק גדולה על אש גבוהה.

b) מוסיפים תבשיל בקר ומפזרים מלח. מערבבים בשר בקר עד להשחמה, 5 דקות. בעזרת כף מחוררת מוציאים את הבשר ומעבירים לצלחת. לְהַפְרִישׁ.

c) מניחים במחבת בצל, שום ופלפל על אש בינונית-גבוהה, תוך ערבוב מדי פעם עד שהבצל והשום ריחניים והפלפלים רכים או כ-5 דקות.

d) מוסיפים את הבטטה, אבקת הצ'ילי, האורגנו, הכמון, המרק והסלסה. מערבבים היטב. להביא לרתיחה. לאחר מכן, מכסים ומבשלים במשך 30 דקות או עד שהבטטה רכה במזלג.

e) מערבבים פנימה מיץ ליים, כוסברה, מלח ופלפל. מניחים להתחמם על אש נמוכה, כ-4 דקות.

f) מצקת את מרק המרק לתוך צנצנות מוכנות, או ליטר או ליטר, ומשאירים רווח של 1 אינץ'.

g) אוטמים עם מכסי שימורים משני חלקים כדי להדק באצבע.

h) עבדו את הצנצנות במיכל הלחץ המחומם מראש למשך 40 דקות.

i) כאשר זמן העיבוד מסתיים, כבה את האש ואפשר לקופסה להגיע לטמפרטורת החדר באופן טבעי.

j) כשהם מתקררים, הסר את הצנצנות מהקופסה ובדוק את האטימות.

27. מרק בקר, ירקות ואורז

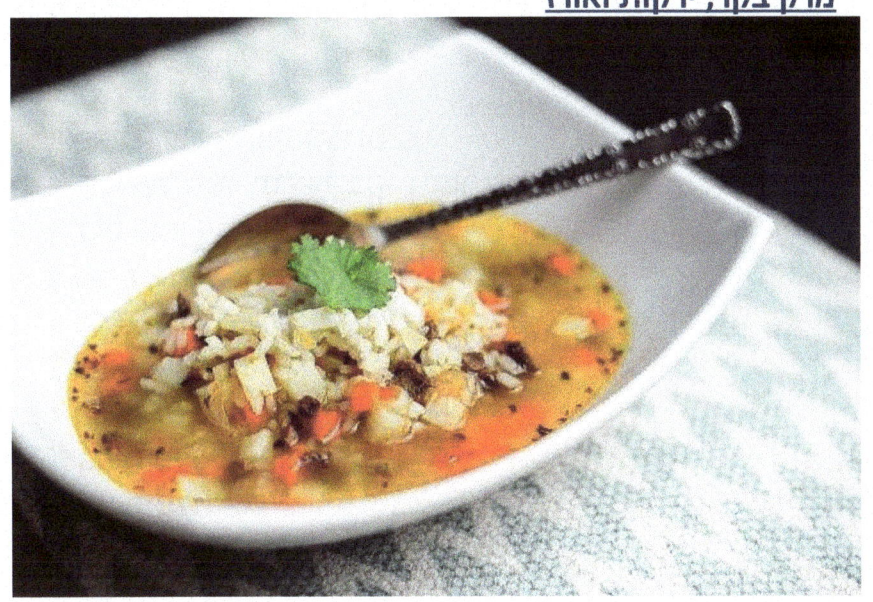

מכינה: 10 מנות

רכיבים

- 1 חבילה של צלעות קצרות
- 2 קילו של בשר תבשיל בקר חתוך לקוביות
- ⅓ כוס שמן זית לצריבה של בשר
- 2 כפות אדבו
- 1 כף רסק עגבניות
- 2 כפות שמן זית
- 1 ראש שום ללא צורך בקילוף
- ¼ כפית פלפל שחור
- ½ כפית מלח
- מים
- 2 קוביות חמי עוף
- ½ כוס פלפלים פרוסים דק
- ½ בצל צהוב שלם, קלוף
- 1 צרור כוסברה
- 1 זוקיני, חתוך לקוביות
- 2 קלח תירס חתוך ל-5 חתיכות
- ¼ כוס אורז ארוך
- 2 תפוחי אדמה קלופים וחתוכים לקוביות
- 1 גזר גדול, קלוף וחתוך לקוביות
- 2 גבעולי סלרי, פרוסים
- 1 כוס יוקה קלופה וחתוכה לקוביות
- 1 ליים, מיץ

הוראות

a) מניחים ראש שום מלא, מבלי לקלף אותו, במחבת אחרת עם שמן זית על אש בינונית-גבוהה בזמן שהבשר נצרב.
b) מטגנים כ-5 דקות, או עד שהוא מקבל חום זהוב בהיר. לְהַפְרִישׁ.
c) בסיר גדול מחממים את שמן הזית על אש בינונית-גבוהה.
d) מוסיפים את בשר הבקר וצורבים במשך 10 עד 15 דקות.
e) מתבלים את הבשר במלח ופלפל.
f) מוסיפים מספיק מים כדי לבסות לחלוטין את הבשר.
g) מוסיפים את ראש השום עם הפלפלים והבצל.
h) מכסים את המחבת ומבשלים את בשר הבקר על אש בינונית-גבוהה עד שהוא רך, כשעה אם אתה משתמש בצלעות קצרות.
i) הוסיפו 3 עד 4 כוסות מים לסיר לאחר שהבשר רך, והביאו שוב לרתיחה.
j) הוסף אדובו, רסק עגבניות, מרק עוף, תפוחי אדמה, גזר, סלרי, יוקה, תירס ואורז.
k) מבשלים עוד 10 דקות.
l) מוסיפים את הכוסברה ומיץ הליים.
m) מוסיפים את הקישואים ומבשלים אותו עד שהוא רך.
n) מגישים ונהנים!

28 . מרק שעורה בקר כפרי של סבתא

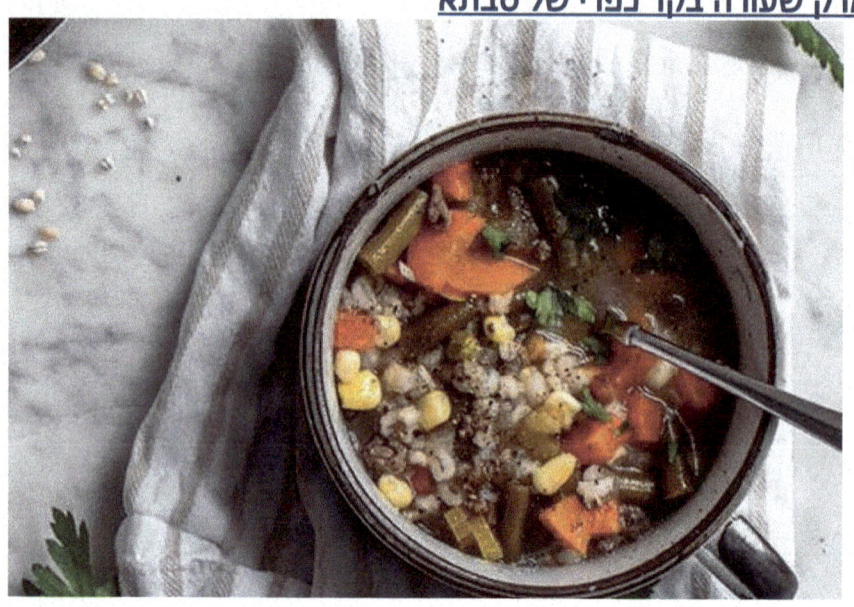

רכיבים

- 1-½ פאונד בשר תבשיל בקר
- 2 שיני שום
- 2 כפות שמן
- 1 קופסת עגבניות
- 2 כוסות גזר
- 2 כוסות סלרי
- 2 כוסות שעועית ירוקה
- ½ כוס שעורה
- 1 כף רוטב ווסטרשייר
- קורט בזיליקום
- מלח ופלפל
- 1 חבילה של מרק בקר

הוראות

a) מטגנים בשר תבשיל בקר עם שום ב-2 כפות שמן.

b) הוסף עגבניות, גזר, סלרי, שעועית ירוקה, שעורה, רוטב ווסטרשייר, קורט בזיליקום, מלח ופלפל וחבילה אחת של מרק בקר.

c) מבשלים על נמוך 3-4 שעות.

29 . <u>תבשיל ויומינג</u>

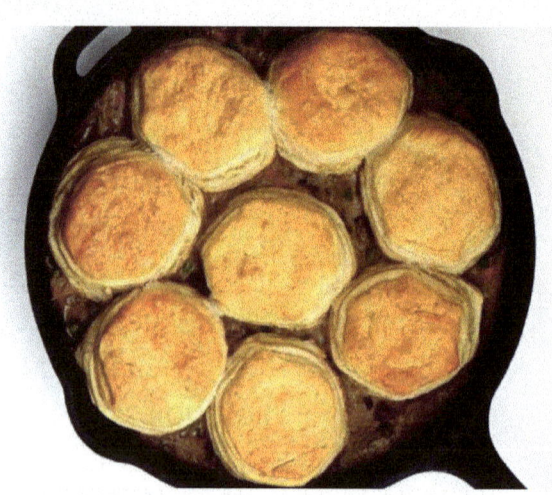

תשואה: 8 מנות

רכיבים

- 1 קילו בשר תבשיל בקר חתוך לקוביות
- 2 כפיות מרכך בשר
- 1 (14.5 אונקיה) קופסת מרק עוף
- 1 (10.75 אונקיה) קופסת קרם מרוכזת של מרק עוף
- 1 (1 אונקיה) מעטפה תערובת מרק בצל יבש
- חבילה אחת (16 אונקיות) ירקות תבשיל קפואים
- 1 (10 אונקיה) לחמניות ארוחת ערב בקירור של סהר

כיוונים

a) מחממים מחבת מברזל יצוק על אש בינונית-גבוהה. מפזרים מרכך בשר על קוביות בקר ומבשלים במחבת החמה עד להשחמה.

b) מסננים כל עודפים מיץ.

c) מערבבים בקערה קטנה את מרק העוף, מרק העוף ומרק הבצל. יוצקים על הבשר, מנמיכים את האש לנמוכה ומבשלים למשך דקות.

d) מחממים את התנור ל-350 מעלות צלזיוס (175 מעלות צלזיוס). מוסיפים את ירקות התבשיל הקפואים למחבת ומבשלים עוד 10 דקות. פורסים את בצק גליל הסהר, ומסדרים כך שיכסה את החלק העליון של התבנית כמו פשטידה.

e) אופים במשך 10 עד 15 דקות בתנור שחומם מראש, או עד שהחלק העליון מזהיב. מוציאים מהתנור ומגישים.

30 . מרק שעועית וקנליני וטלה

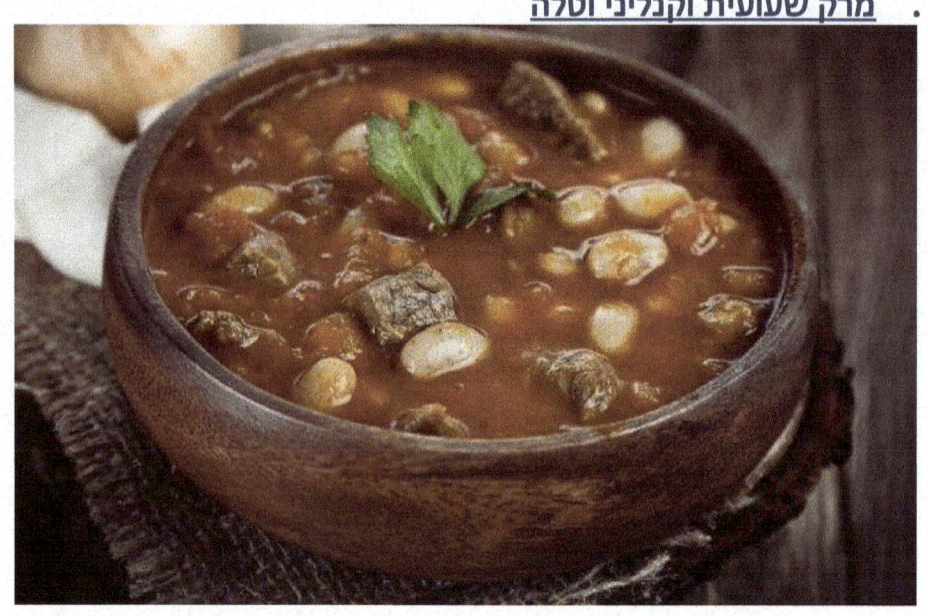

עושה: 4

רכיבים

- 1 כף שמן חמניות
- 1 בצל קטן (5 oz / 150 גרם בסך הכל), קצוץ דק
- ¼ שורש סלרי קטן, מקולף וחתוך לקוביות בגודל ¼ אינץ' / 0.5 ס"מ (6 אונקיות / 170 גרם בסך הכל)
- 20 שיני שום גדולות, קלופות אך שלמות
- 1 כפית כמון טחון
- 1 ק"ג / 500 גרם בשר תבשיל טלה (או בשר בקר אם אתה מעדיף), חתוך לקוביות של ¾ אינץ' / 2 ס"מ
- 7 כוסות / 1.75 ליטר מים
- ½ כוס / 100 גרם קנליני או שעועית פינטו מיובשת, מושרים למשך הלילה בהרבה מים קרים, ולאחר מכן מרוקנים
- 7 תרמילי הל, מרוסקים קלות
- ½ כפית כורכום טחון
- 2 כפות רסק עגבניות
- 1 כפית סוכר דק במיוחד
- 9 אונקיות / 250 גרם יוקון גולד או תפוח אדמה אחר בעל בשר צהוב, קלופים וחתוכים לקוביות של ¾ אינץ' / 2 ס"מ
- מלח ופלפל שחור גרוס טרי
- לחם, שתי מנות
- מיץ לימון סחוט טרי, שתי מנות
- כוסברה קצוצה או Zhoug

הוראות

a) מחממים את השמן במחבת גדולה ומטגנים את הבצל ושורש הסלרי על אש בינונית-גבוהה במשך 5 דקות, או עד שהבצל מתחיל להשחים. מוסיפים את שיני השום והכמון ומבשלים עוד 2 דקות. מורידים מהאש ומניחים בצד.

b) מניחים את הבשר והמים בסיר גדול או הולנדית על אש בינונית-גבוהה, מביאים לרתיחה, מנמיכים את האש ומבשלים במשך

10 דקות, תוך כדי רפרוף של פני השטח לעתים קרובות עד לקבלת מרק צלול. מוסיפים את תערובת שורשי הבצל והסלרי, את השעועית הסחוטה, ההל, הכורכום, רסק העגבניות והסוכר. מביאים לרתיחה, מכסים ומבשלים בעדינות במשך שעה, או עד שהבשר רך.

c) מוסיפים את תפוחי האדמה למרק ומתבלים ב-1 כפית מלח ובחצי כפית פלפל שחור. מביאים חזרה לרתיחה, מנמיכים את האש ומבשלים ללא מכסה עוד 20 דקות, או עד שתפוחי האדמה והשעועית רכים. המרק צריך להיות סמיך. תן לזה לבעבע עוד קצת, אם צריך, כדי לצמצם, או להוסיף קצת מים. לטעום ולהוסיף עוד תיבול לפי טעמכם. מגישים את המרק עם לחם ומעט מיץ לימון וכוסברה טרייה קצוצה, או ז'וג.

31. גוליאס הונגרי

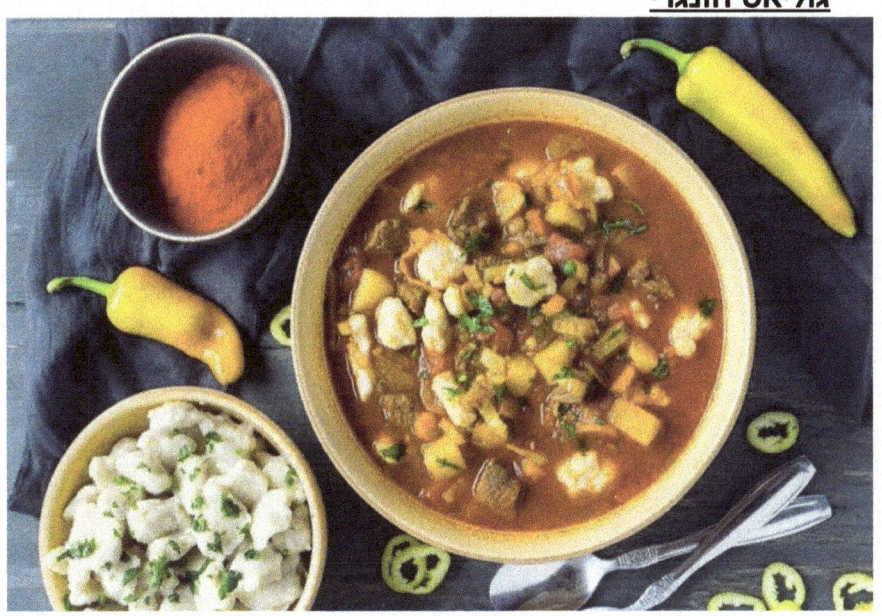

עושה: 4

רכיבים

- 2 קילו בשר חתוך לתבשיל
- 4 כפות פפריקה הונגרית עדינה
- קורטוב של פפריקה הונגרית חריפה
- 3 או 4 עגבניות גדולות
- 2 פלפלים ירוקים גדולים
- 2 בצלים, עדיף צהוב
- מלח ופלפל לפי הטעם
- שומן או שמן כדי לצרוב את הבשר או הדג
- 2 כוסות שמנת חמוצה, אם יש

הוראות

a) צורבים את הבשר, העוף או הדג במחבת.

b) חותכים את הפלפלים, העגבניות והבצל: חותכים כמה מהם דק מאוד כדי לטעום היטב את המרק ואת השאר גס, לזיהוי. שמים את הירקות בסיר תבשיל.

c) הוסף את הבשר הצרוב לסיר ולאחר מכן הוסף מים כדי לכסות את המוצקים בסנטימטר בערך.

d) מוסיפים מלח, פלפל ופפריקה "מתוקה" - מספיק פפריקה כדי שהמרק יהפוך לצבע אדום. (אם אתם משתמשים בדגים, הוסיפו מים כדי לכסות את הירקות, הוסיפו את התבלינים ותבשלו עד שהירקות כמעט רכים לפני שאתם מוסיפים את הדג.)

e) מבשלים עד שהבשר כמעט נופל מהעצמות או שהדג רק מבושל; מוסיפים מים לפי הצורך, תוך שמירה על תבשיל מרק סמיך. טועמים ומתקנים תיבול.

f) אם יש לכם שמנת חמוצה, הוסיפו 1 כוס זמן קצר לפני ההגשה וערבבו היטב. מגישים בקערות מרק מעל תפוחי אדמה מבושלים או אטריות חמות. בשארית השמנת החמוצה מקשטים את הקערה של כל אחד.

g) העבירו את הפפריקה החריפה כדי שאנשים יוכלו להפוך את המנות שלהם לחריפות חריפות כמו שהם אוהבים.

32. קארי בקר יפני

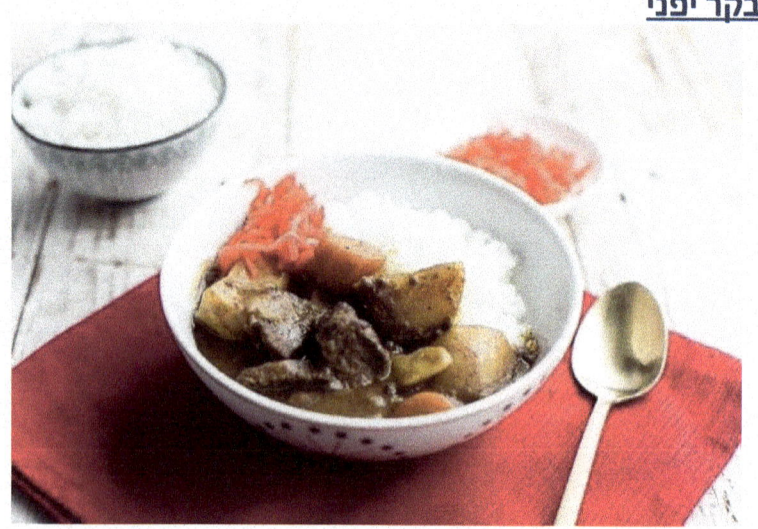

מגישים 4

רכיבים

- ⅓ כוס קמח
- 4 כפות חמאה ללא מלח
- 2 כפות אבקת קארי
- 1/2 כף גראם מסאלה
- 1 כף רוטב סויה
- 1 כף קטשופ
- 1 כף רוטב ווסטרשייר
- 1 כף דבש
- 1 כפית מלח כשר
- 1 פאונד. בשר תבשיל בקר
- 2 גזרים
- 3 תפוחי אדמה יוקון זהב בינוניים
- 1 בצל בינוני
- 2 שיני שום, קצוצות
- 1 כפית ג'ינג'ר, טחון
- 2 כוסות מרק עוף

כיוונים

a) לחץ על כפתור ההקפצה ונותן לו להתחמם.

b) להכנת רוקס קודם: ממיסים חמאה ואז מוסיפים פנימה קמח. תן לזה לצלות במשך דקה, ואז הוסף אבקת קארי וגראם מסאלה. מערבבים עד שזה הופך לעיסה סמיכה. מסירים מהאש.

c) מוסיפים שמן זית ומשחימים את הבשר. מוסיפים בצל פרוס ומטגנים כמה דקות כדי להשחים את הבצלים. מוסיפים ג'ינג'ר, שום, דבש, רוטב סויה, קטשופ, רוטב ווסטרשייר ומלח כשר וקארי רו.

d) מערבבים היטב עם בשר. יוצקים פנימה גזר, תפוחי אדמה ומרק עוף. מכסים ולוחצים על כפתור הבשר/תבשיל ותזמן אותו למשך 20 דקות.

33. קארי בקר

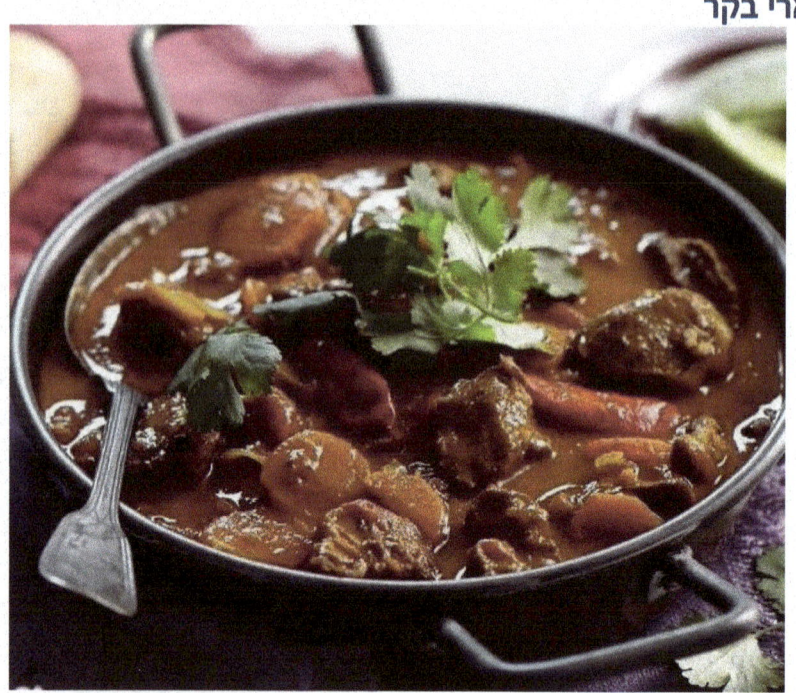

מכינה: 6 מנות

רכיבים

- 1 בצל; חתוך
- 1 כפית אבקת קארי
- 2 כפות שמן
- 1 כפית מלח
- 1 כפית פלפל שחור גרוס
- 2 פאונד בשר תבשיל בקר; ½" קוביות
- 2 כוסות נוזל
- 2 כוסות פירות
- אורז מבושל חם
- בצל ירוק קצוץ
- קוקוס מגורר; לא ממותק
- בוטנים קצוצים
- 1 צ'אטני

הוראות

a) בתנור הולנדי מטגנים בצל ואבקת קארי בשמן על אש בינונית עד שהבצל רך.

b) מוציאים בצל מהמחבת. מגבירים את החום לבשר בקר בינוני וחום.

c) לסיר החרס מוסיפים בצל, בשר בקר, מלח, פלפל ונוזלים.

d) מבסים ומבשלים על LOW במשך 6-8 שעות. כחצי שעה לפני ההגשה מוסיפים פירות.

e) ניתן לעבות את התבשיל בתערובת עמילן תירס אם הנוזל דליל מדי.

f) מגישים על אורז חם עם תבלינים לבחירתכם.

34. בשר עגל ופלפלים איטלקיים

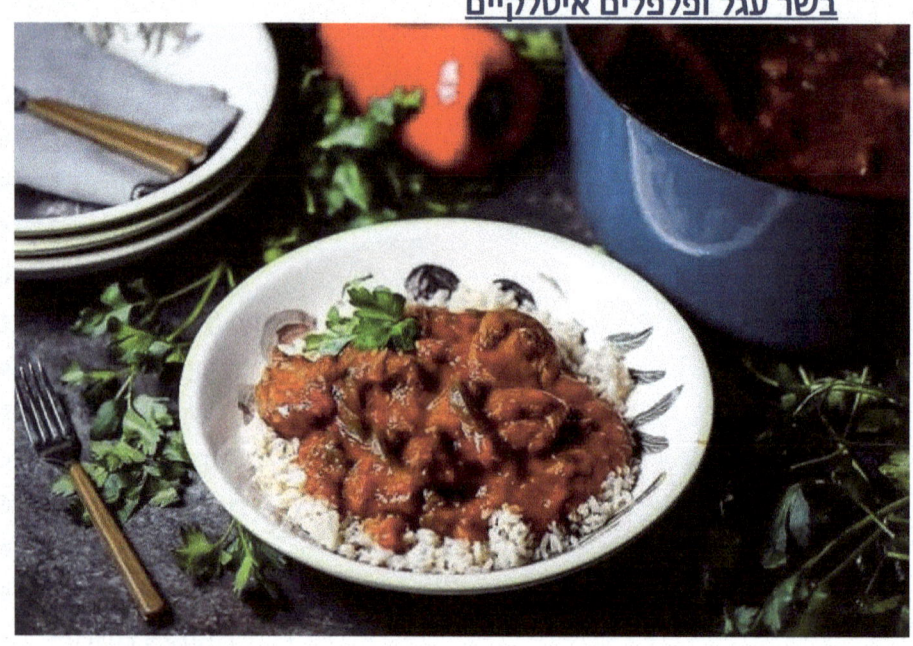

רכיבים

- 1 פאונד בשר עגל מתבשל
- 3 פלפלים ירוקים גדולים, פרוסים או חתוכים (אפשר להשתמש ביותר)
- 2 בצלים גדולים, פרוסים או קצוצים
- 1 #2 פחית עגבניות
- מלח ופלפל
- פטרוזיליה
- 1 עלה דפנה

הוראות

a) חותכים את בשר העגל לחתיכות קטנות.

b) מחממים שמן במחבת (מספיק לכיסוי התחתית וכדי שהבשר לא יידבק).

c) מוסיפים בשר ומשחימים היטב.

d) מוסיפים בצל ומטגנים כמה דקות עד לריכוך.

e) יוצקים פנימה עגבניות. מוסיפים תבלינים ומבשלים לאט במשך שעה לפחות.

f) הערה: ניתן לטגן פלפלים בנפרד ולהוסיף במשך 10-20 הדקות האחרונות לתערובת העגבניות.

35 . תבשיל קארי תאילנדי

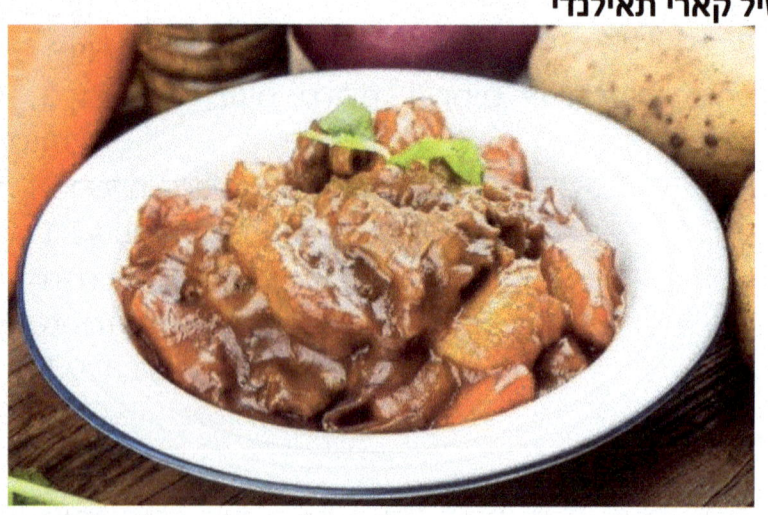

עושה 4 מנות

רכיבים
למשחת קארי:
- 6 צ'ילי גבעולים וזרעים, מיובשים
- 1/2 כפית מלח, כשר
- 1 4 x אינץ' תחתונים של גבעול לימון עשב קלוף, 1 אינץ' חתוך לקוביות
- 2 כפות גלנגל טרי, קלוף, פרוס
- 2 כפות כורכום טרי, פרוס וקלוף
- 1/2 כוס שאלוט, קצוץ
- 1/4 כוס חצאי שיני שום
- 1 כף משחת שרימפס, תאילנדית

לתבשיל:
- 2 פאונד. של צ'אק בקר קצוץ, 1 ו-1/2 אינץ' קוביות
- 3 כפות רוטב סויה, תאילנדי
- 2 כפות צ'ילי תאילנדי, טחון ומיובש
- 9 כוסות מרק בקר, דל נתרן
- 1 כוס שאלוט, חצוי
- 3 גזרים קלופים, חצויים לאורכם, חתוכים לרוחב, בינוני
- 6 עלי קפיר ליים קפואים או טריים
- שתי מנות: כוסברה קצוצה ובזיליקום פרוס

הוראות הגעה:

(a) להכנת משחת הקארי, דופקים את הצ'ילי והמלח במכתש במשך 5-6 דקות. הוסף את שאר מרכיבי ההדבקה בזה אחר זה בסדר המפורט לעיל, ופורסים כל אחד מהם במלואו לפני שתוסיף את הבא. זה ייקח 15-20 דקות בסך הכל.

(b) להכנת התבשיל, שלבו את משחת הקארי עם רוטר סויה, בשר בקר וצ'ילי בסיר גדול. מערבבים באופן שווה, מצפים את

c) בשר בקר היטב. מערבבים מדי פעם תוך כדי בישול 5-6 דקות על אש בינונית . מוסיפים את המרק. תביא להרתחה.

d) מכסים ומנמיכים את האש לבינונית -נמוכה . מערבבים מדי פעם תוך כדי רתיחה במשך 2 עד 2 ו-1/2 שעות, עד שהבשר הופך רך אך עדיין לא מתפרק.

e) מערבבים פנימה את עלי הליים, בצלי השאלוט והגזר. מבשלים -10 12 דקות, עד שהירקות בקושי רכים. השתמשו בבזיליקום וכוסברה לקישוט והגשה.

36. תבשיל עזים מניש מים

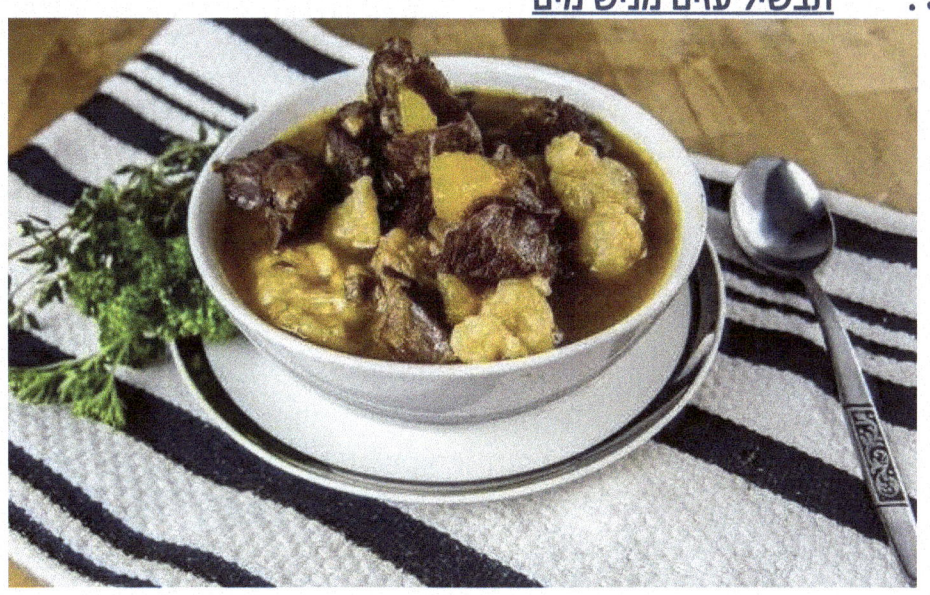

מכינה: 6 מנות

רכיבים

- 2 קילו ראש ורגליים של עיזים, חתוכים לחתיכות
- ½ קילו של דלעת שטופה וחתוכה לקוביות
- מלח שני מפתחות
- מעט גרגירים של פלפל אנגלי פימנטו
- 1 פאונד בטטה צהובה
- 1 כוס קמח להכנת כופתאות
- 2 גזרים קלופים, שטופים וחתוכים לקוביות
- 1 תפוח אדמה אירי קלוף, שטוף וחתוך לקוביות
- 3 שיני שום כתושות
- 3 גבעולי בצל ירוק
- 3 אצבעות בננה ירוקה מעור על, שטופה ופרוסה
- 2 ענפי טימין ירוק טרי
- 1 פלפל חריף ירוק

הוראות

a) שים את ראשה ורגליה של העז בסיר עם מים רותחים.

b) על אש בינונית מביאים את הסיר לרתיחה במשך 10 עד 15 דקות.

c) מוסיפים כמה גרגירי פימנטו ושתי שיני שום.

d) מרתיחים את ראש העז והרגליים עד שהם מבושלים למחצה. לְהַפְרִישׁ.

e) מוסיפים את הבננה, הדלעת והגזר ומבשלים 10 דקות.

f) מוסיפים מלח ופלפל לפי הטעם לפני הוספת הכופתאות, בצל ירוק, טימין ופלפל חריף.

g) מערבבים ומנמיכים את האש.

h) מבשלים את התבשיל עד שהוא מסמיך, ואז מכבים את האש.

i) מגישים חם.

37. תבשיל כבש ג'מייקני

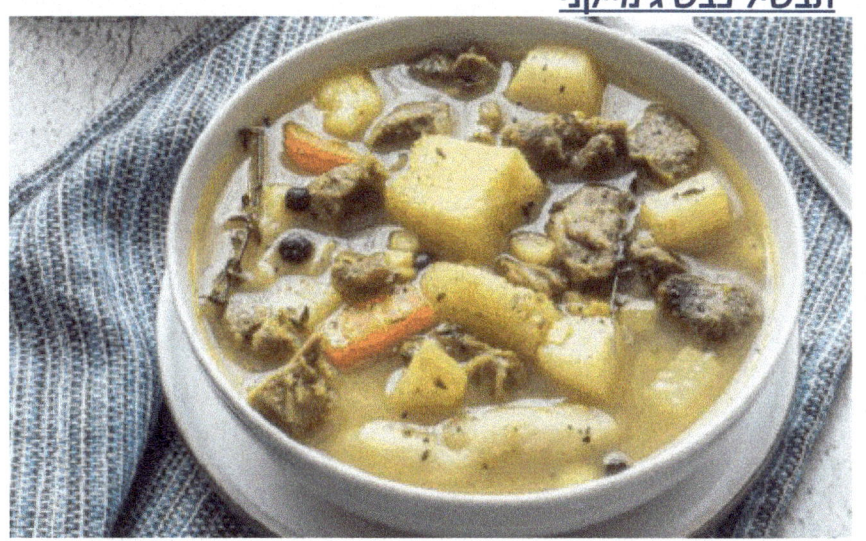

מכינה: 6 מנות

רכיבים
לבשל בלחץ את הבשר

j) 7 כוסות מים

k) 2 כפות מכל תבלין בשר אדום

l) 2½ קילו בשר כבש

לבשל את התבשיל

m) 1 קילו בטטה לבנה או צהובה, קצוצה

n) 1 צ'וצ'ו קצוץ

o) 8 ענפי טימין קשורים בצרור

p) 8 גרגרי פימנטו

q) 1 תפוח אדמה

r) 2 גזרים קצוצים

s) 3 בצל ירוק קצוצים

t) 1 בצל קצוץ, לא חובה

u) מכסה מנוע סקוץ' אחד

v) פלפל שחור, אבקת שום ומלח ורוד לפי הטעם

w) 5 כוסות מים שנותרו מבישול הבשר בלחץ

x) 5 כוסות ציר כבש

y) 3 כפות תערובת תבשיל דלעת

עבור הכופתאות

z) ½ כוס מים

aa) 2 כוסות קמח ללא גלוטן

bb) ½ כפית מלח ורוד

הוראות

לבשל בלחץ את בשר הכבש

a) לסיר האינסטנט מוסיפים את בשר הכבש, מתבלים במלח ופלפל ומוסיפים את המים.
b) מכסים, בוחרים "מצב בשר" ומבשלים 20 דקות.
c) כאשר הטיימר כבה, בצע שחרור מהיר והזיז את השסתום למצב "אוורור".

להכין את התבשיל

a) מעבירים את בשר הכבש, 5 כוסות ציר כבש ו-5 כוסות מים מבושלים בלחץ לסיר ציר ומביאים לרתיחה.
b) מערבבים את תערובת צ'וצ'ו, בטטה, תפוחי אדמה, גזר, בצל ירוק, בצל, פירות יער פימנטו, טימין ותבשיל תרנגולים לפני שמנמיכים את האש לבינונית או נמוכה.

לעשות את הכופתאות

a) מערבבים בקערה את הקמח והמלח הוורוד.
b) מוסיפים מים לקערה בהדרגה עד שהיא הופכת דביקה מספיק ליצירת כדור בצק.
c) צובטים חתיכת בצק קטנה, מגלגלים אותה בכפות הידיים ליצירת "ספינרים", ואז משטחים אותה לדיסק.
d) הוסף אותם לסיר תוך כדי הכנתם.
e) מוסיפים את מצנפת הסקוטש, מכסים את הסיר חלקית ונותנים לו להתבשל עד שעה.
f) מועכים חלק מתפוח האדמה בגב של כף כדי להפוך את התבשיל לסמיך יותר.

תבשילי ירקות

38 . דלעת ותפוחי אדמה

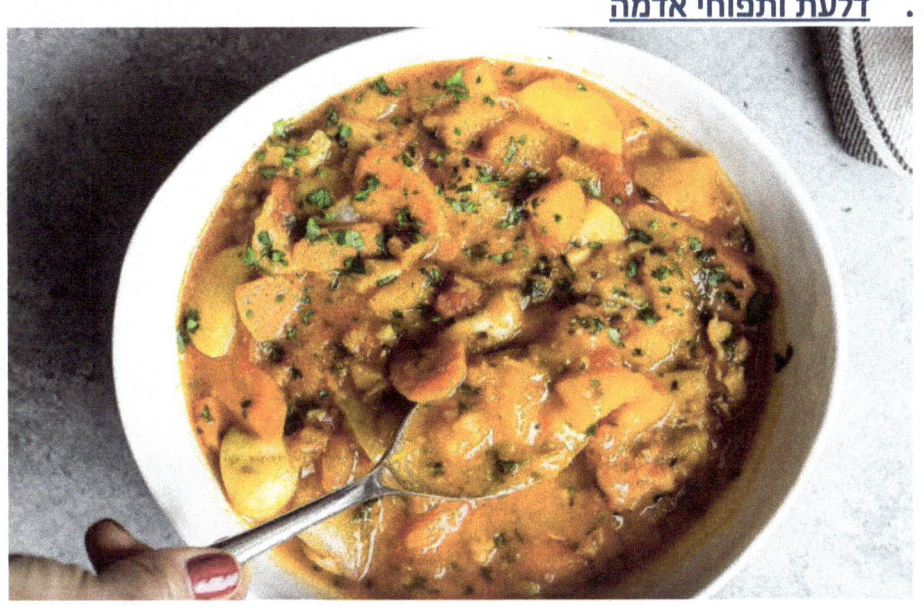

מכינה: 6 מנות

רכיבים
- 3 בצלים, פרוסים דק
- 1 כוס מרק ירקות
- 1 שן שום, טחון או דחוס
- שתי קופסאות 16 אונקיות של שעועית שחורה, סחוטה
- 2 ליים חתוכים לקוביות לקישוט
- ½ כפית פתיתי פלפל אדום מיובש
- ½ כפית פלפל אנגלי טחון
- פחית 16 אונקיות של עגבניות
- 1 דלעת חמאה, קלופה, זרעה וחתוכה לקוביות
- 1 קילו תפוחי אדמה איידהו, קלופים וחתוכים לקוביות
- פלפל שני מפתחות

הוראות
a) מטגנים בצל בחומץ בלסמי.
b) מוסיפים את שאר המרכיבים, למעט הליים, הפטרוזיליה והשעועית השחורה.
c) מכסים את המחבת ומבשלים 20 דקות על אש בינונית-נמוכה.
d) מוסיפים שעועית שחורה ומחממים 10 דקות לפני ההגשה.
e) מגישים עם פרוסת ליים מלמעלה.

39. Calaloo מבושל

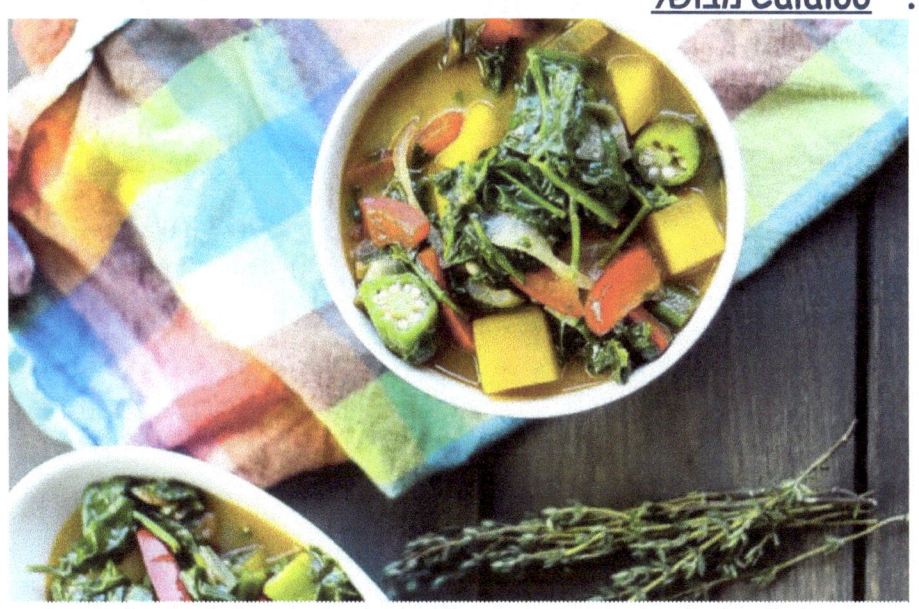

מכינה: 3 מנות

רכיבים
- 1 כוס חלב קוקוס
- עלי קללו קצוצים
- 3 כפות שמן צמחי
- מלח ופלפל לפי הטעם
- 2 שיני שום טחונות
- 2 בצלים
- רוטב פלפל חריף

הוראות

a) בסיר מחממים את השמן.

b) מוסיפים את הבצל הטחון והשום.

c) מוסיפים את עלי הקאללו ומערבבים עד שהם נבולים ומכוסים בשמן.

d) מוסיפים חלב קוקוס ומבשלים 5 דקות .

e) מתבלים במלח ופלפל ומגישים .

40. תבשיל גזר ופטריות תפוחי אדמה

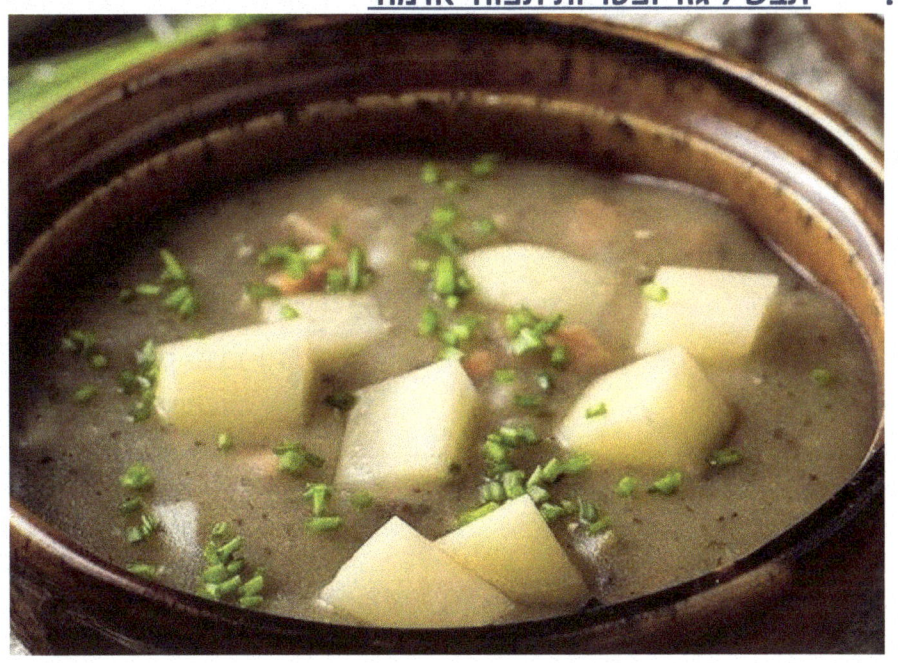

עושה: 4

רכיבים

- 3 תפוחי אדמה יוקון זהב
- 2 גזרים גדולים, קלופים וקצוצים דק
- 16 גרם פטריות קרמיני, חתוכות לרבעים
- 1/4 כוס קמח שקדים
- 3 שיני שום, קצוצות
- 2 כפות רסק עגבניות
- 2 כפות ווסטרשייר
- 4 כפות מרק ירקות
- 3 1/2 כוסות מרק ירקות
- 3 צלעות סלרי, קצוצות דק
- 1 בצל צהוב, קצוץ דק
- 1 כפית טימין מיובש
- 1/4 כוס חומץ יין אדום יבש
- מלח ופלפל, שני מפתחות
- פטרוזיליה טרייה להגשה

הוראות

(a) מחממים את מרק הירקות בסיר גדול. מוסיפים פנימה את הבצל, הגזר, הסלרי ומבשלים לפחות 5 דקות. מתבלים במלח ושומרים מרק לפעם אחרת.

(b) מכניסים לסיר את הפטריות והשום. מבשלים אותו עוד 5 דקות עד שהאחרון מתחיל לשחרר את הנוזלים שלו.

(c) שלבו את הטימין או האורגנו, רוטב ווסטרשייר, רסק עגבניות וחומץ יין אדום בקערת ערבוב. מבשלים כ-5 דקות תוך ערבוב מדי פעם.

(d) מוסיפים 3 כוסות מרק ירקות, ולאחר מכן את תפוחי האדמה ועלה הדפנה. במשך 10 דקות מביאים לרתיחה נמוכה.

(e) מערבבים את הקמח וחצי כוס המרק השמור בקערת ערבוב וטורפים עד לקבלת מרקם חלק. יוצקים את התערובת לסיר ומערבבים היטב.

f) מבשלים על אש קטנה עד שהרוטב מסמיך. מתבלים במלח ופלפל
לפי הטעם. מקשטים בפטרוזיליה לפני ההגשה.

41. תבשיל דלעת עם שמנת חמוצה

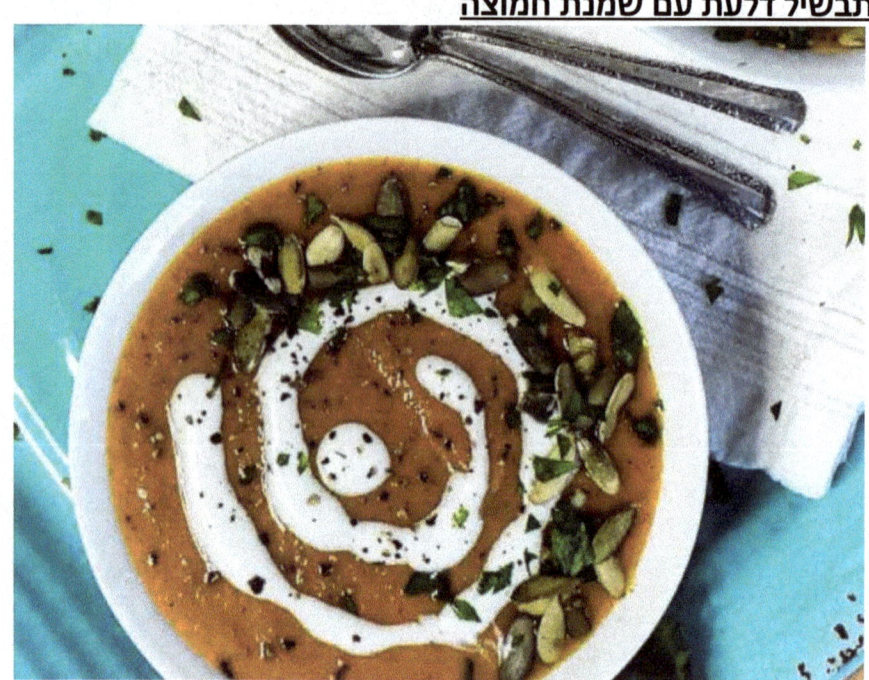

עושה: 4

רכיבים

- 40 גרם/1½ גרם חמאה
- 2 בצלים, קצוצים
- 1 גזר, קצוץ
- 1 מקל סלרי, קצוץ
- 3 ענפי רוזמרין
- 2 עלי דפנה
- 1 שן שום, קצוצה
- 400 גרם/14 עוז עדשים
- 1.2 ליטר/2 פינים 2fl oz ציר ירקות
- 600 גרם/1 פאונד 5 oz מבחר דלעת או דלעת
- צרור קטן של פטרוזיליה, קצוץ
- 2 כפות חומץ יין אדום
- 4 כפות שמנת חמוצה

הוראות

a) במחבת גדולה ממיסים את החמאה ואז מוסיפים בצל קצוץ, גזר וסלרי. קורעים פנימה את הרוזמרין וכמה עלי דפנה ולאחר מספר דקות מוסיפים את השום הקצוץ. כשכולם התרככו יפה, הכניסו פנימה את העדשים ויוצקים מעל 1 ליטר/1¾ ליטר של ציר ירקות. מביאים לרתיחה ולאחר מכן משאירים להתבשל בזמן שאתה מטפל בדלעת

b) שימוש במגוון דלעות ודלעות מעניק לתבשיל טעם מורכב יותר. כאן אני משתמש בדלעת בלוטים ובסינדרלה, אבל אתה רוצה בסופו של דבר לקבל' בערך 600 גרם/1 ק"ג של דלעת קלופה בחתיכות גדולות. מוסיפים אותם לתבשיל, מתבלים ואז שופכים מעל מספיק מים כדי לכסות את כל המרכיבים. שמים מכסה על המחבת ומניחים להתבשל במשך 30-40 דקות

c) כשהתבשיל כמעט מוכן, מוסיפים את הפטרוזיליה הקצוצה

d)   כדי להפוך את התבשיל לקרם יותר, הוציאו קערה קטנה ממעבד המזון והדביקו אותה עם 200 מ"ל/2 פלט של ציר. יוצקים אותו בחזרה והתבשיל הופך מיד לקטיפתי יותר

e)   מגישים את התבשיל בקערות, ומסיימים כל עזרה בכף מצננים של שמנת חמוצה

42 . תבשיל פטריות וג'לפניו

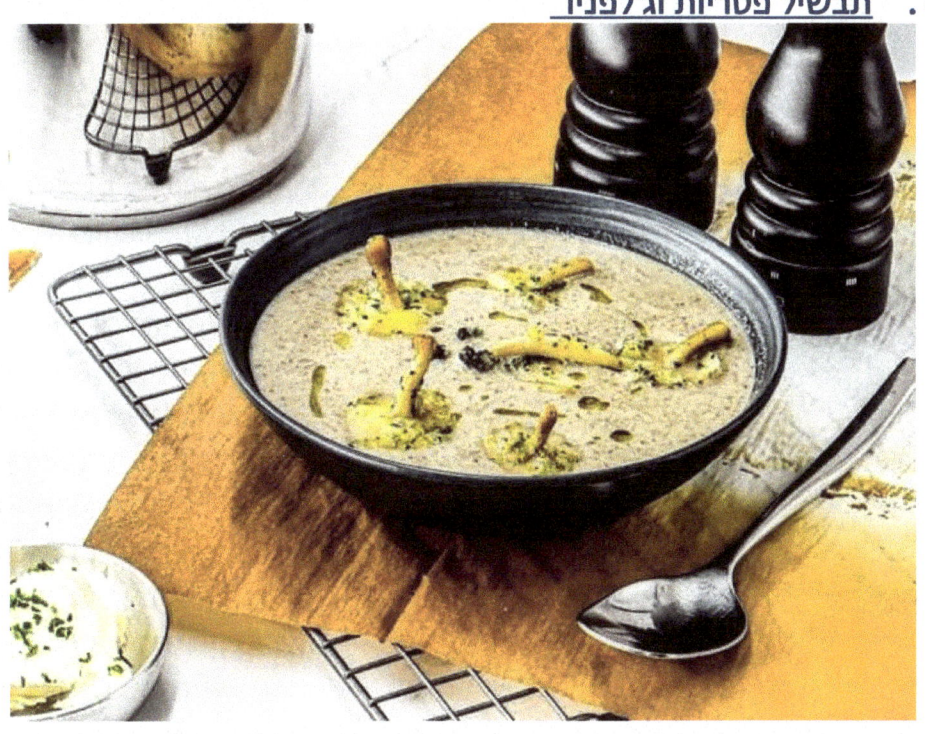

עושה: 4

רכיבים
- 2 כפיות שמן זית
- 1 כוס כרישה, קצוצה
- 1 שן שום, קצוצה
- ½ כוס גבעולי סלרי, קצוצים
- ½ כוס גזר, קצוץ
- 1 פלפל ירוק, קצוץ
- 1 פלפל ג'לפניו, קצוץ
- 2 וחצי כוסות פטריות, פרוסות
- 1 ½ כוסות ציר ירקות
- 2 עגבניות, קצוצות
- 2 ענפי טימין, קצוצים
- 1 ענף רוזמרין, קצוץ
- 2 עלי דפנה
- ½ כפית מלח
- ¼ כפית פלפל שחור גרוס
- 2 כפות חומץ

הוראות
a) מניחים סיר על אש בינונית ושמן חם.
b) מוסיפים שום וכרישה ומטגנים עד שהם רכים ושקופים.
c) מוסיפים פנימה את הפלפל השחור, הסלרי, הפטריות והגזר.
d) מבשלים תוך כדי ערבוב במשך 12 דקות; מערבבים פנימה נתז של ציר ירקות כדי לוודא שאין הידבקות.
e) מערבבים פנימה את שאר המרכיבים.
f) הגדר את החום לבינוני; מניחים להתבשל במשך 25 עד 35 דקות או עד שיתבשל.
g) מחלקים לקערות אישיות ומגישים חם.

43 . טופו מוקפץ עם תבשיל אספרגוס

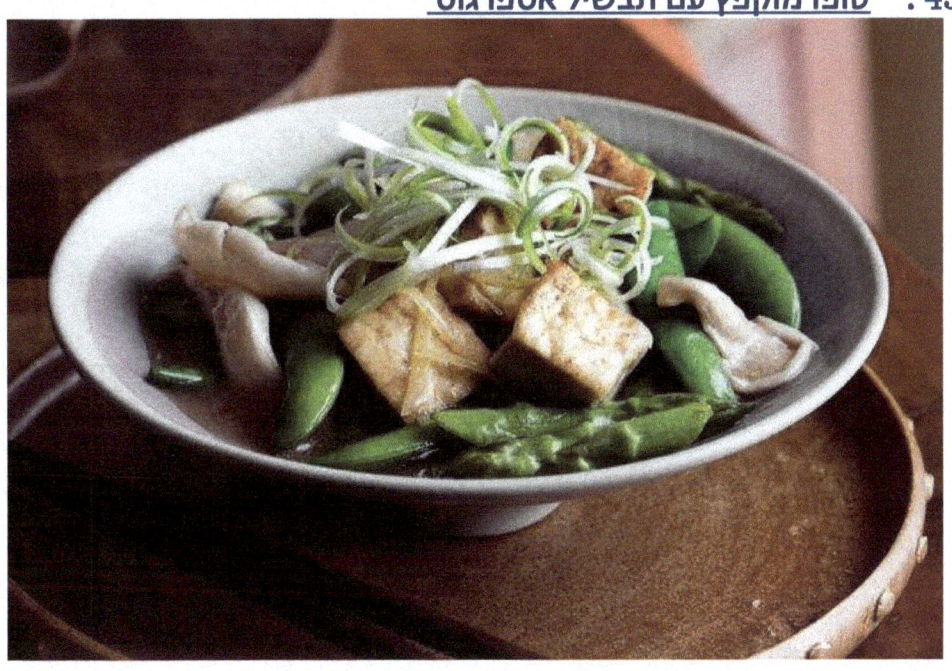

עושה: 4

רכיבים
- 1 קילו אספרגוס, חתוך גבעולים
- 2 כפות שמן זית
- 2 גושי טופו, דחוסים וחתוכים לקוביות
- 2 שיני שום, קצוצות
- 1 כפית תערובת תבלינים קייג'ון
- 1 כפית חרדל
- 1 פלפל חריף, קצוץ
- ¼ כוס מרק ירקות
- מלח ופלפל שחור, לפי הטעם

הוראות
a) בעזרת סיר ענק עם מים מומלחים קלות, מניחים אספרגוס ומבשלים עד לריכוך 10 דקות; לנקז.

b) מניחים ווק על אש גבוהה ושמן זית חם; מערבבים פנימה קוביות טופו ומבשלים במשך 6 דקות.

c) מניחים בשום ומבשלים 30 שניות עד לריכוך.

d) מערבבים פנימה את שאר החומרים, כולל האספרגוס השמור, ומבשלים עוד 4 דקות.

e) מחלקים בין הצלחות ומגישים.

44. קמפינג סובה שיטאקי תבשיל

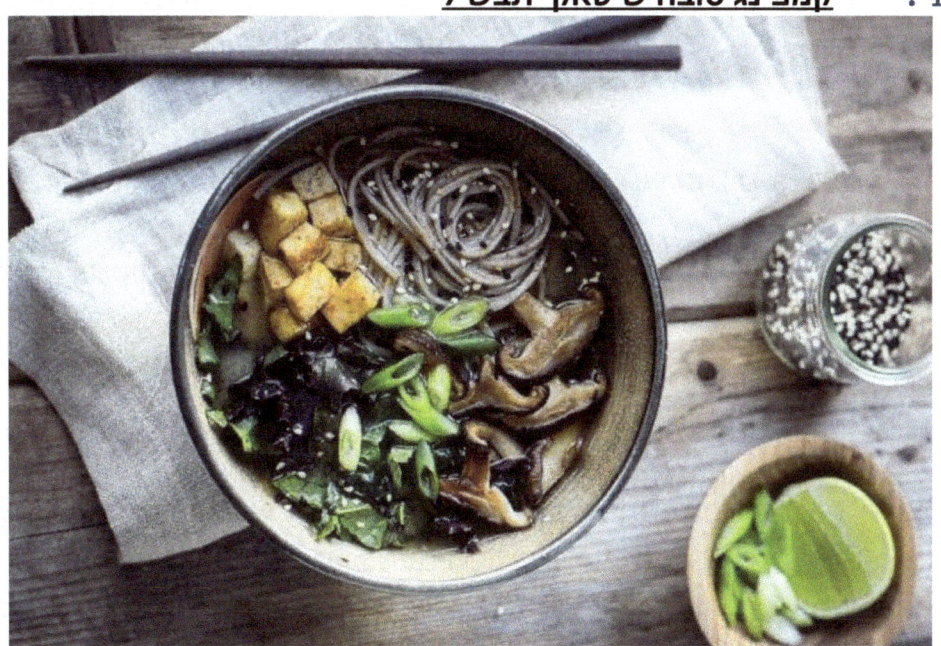

מכינה: 2-4 מנות

רכיבים

- 1-2 בצלים חתוכים לשמיניות
- 2-4 גזרים בגודל בינוני, חתוכים לפרוסות של חצי סנטימטר בערך
- חבילה אחת של ג'יננג'ו סובה
- 1 אונקיה פטריות שיטאקי מיובשות
- 1 כף אבקת חלבון
- קורטוב של מלח ים

הוראות

a) מניחים במים בצל חתוך וגזר ומביאים לרתיחה. מנמיכים את האש ומבשלים עד שהבצל והגזר כמעט רכים.

b) מוסיפים פנימה אבקת חלבון ומלח. לְרַגֵּשׁ. מוסיפים פנימה סובה מבשלים עוד כמה דקות בהתאם לגובה עד שהסובה רך אך לא רפוי; לכבות את המבער

c) מרחפים מעל פטריות שיטאקי. מערבבים קלות. כשהשיטאקי נרטב לגמרי, מערבבים היטב לתוך התבשיל.

d) מניחים לשבת עד שהסובה מוכן (אל דנטה, או רך יותר אם תרצה) מערבבים שוב ומגישים.

e) התבשיל הזה נהדר לארוחת בוקר לפני טיולים או טיפוסים תובעניים, וגם מושלם לפני פרישה בטמפרטורות תת-קפואות (עם או בלי מדורה שואגת).

45 . ירקות קשיו מבושלים

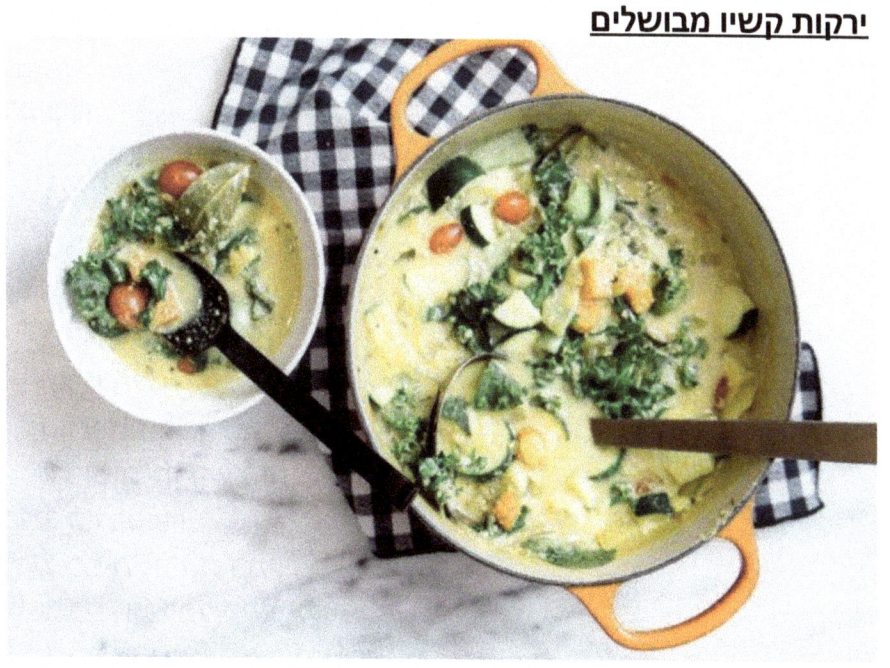

עושה: 3

רכיבים
- 1½ כוסות פרחי ברוקולי
- 1½ כוסות פרחי כרובית
- 1 בצל גדול פרוס
- ¼ כפית ג'ינג'ר טרי, מגורר
- 2 שיני שום, קצוצות
- קורט מלח
- קורצים פלפל שחור
- 2 כוסות מרק ירקות
- 1 קילו קשיו
- 1 כפית אבקת כמון
- 1 כפית פלפל קאיין
- 1 כף מיץ לימון, סחוט טרי
- 1 כפית גרידת לימון טרי, מגוררת

הוראות
a) מטגנים את הבצל במעט מים כ-3 דקות.
b) מוסיפים את השום, הג'ינג'ר והתבלינים .
c) מביאים לרתיחה עם 1 כוס מרק.
d) מוסיפים את הירקות ומרתיחים שוב.
e) מבשלים, תוך ערבוב מעת לעת, במשך 15 עד 20 דקות עם מכסה.
f) מסירים מהאש לאחר הוספת מיץ הלימון.
g) מגישים חם עם אגוזי קשיו וגרידת לימון.

46. מרק ובמיה

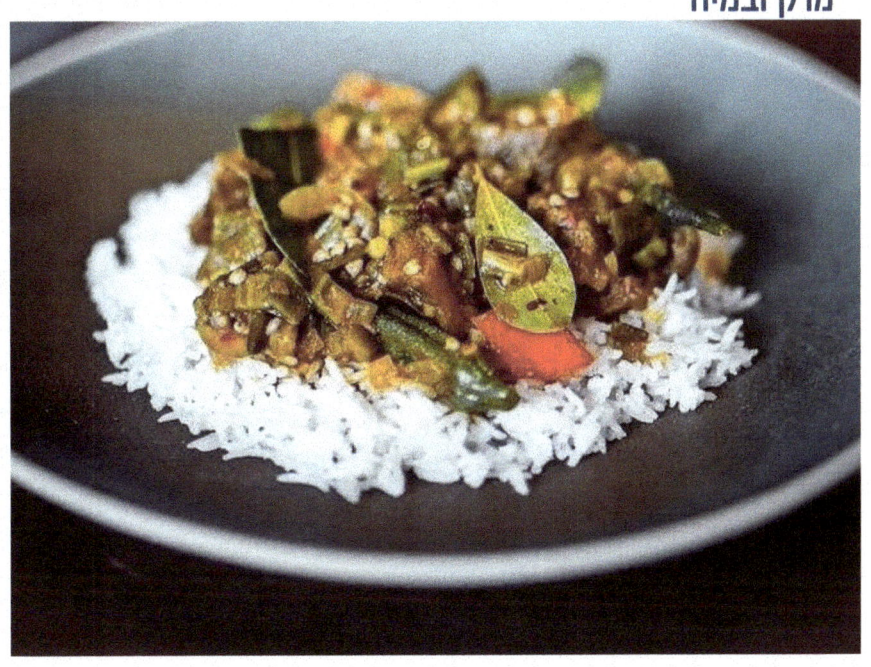

רכיבים

- 1 כוס שמן דקלים אדום או שמן בוטנים
- 1 ק"ג בשר תבשיל, חתוך לקוביות
- 1 בצל, קלוף וקצוץ
- 1 פלפל אדום מתוק, קצוץ
- 1 פלפל צ'ילי
- מים
- 1 דג מיובש או מעושן, ניקה, עצמות הוסרו, שבור לחתיכות
- ½ ק"ג דג טרי, חתוך לחתיכות בגודל ביס (לא חובה)
- 2 ק"ג ירוקים, גבעולים הוסרו, נקו, שטפו וגרוסו
- 1 ½ ק"ג במיה, הקצוות הוסרו וחתכו לחתיכות
- חמין עוף אחד או שניים או קוביות חמין בקר
- פלפל קאיין או פלפל אדום, ומלח (לפי הטעם)

הוראות

a)   מחממים כרבע מהשמן בסיר. מטגנים את הבשר עד להשחמה. מוסיפים את הבצל והפלפל ומטגנים עוד דקה-שתיים.

b)   מוסיפים את כל שאר החומרים, ומביאים לרתיחה. מנמיכים את האש ומבשלים שעה עד שעתיים עד שהכל מתרכך.

c)   כשהמרק מצטמצם לטעמך, מערבבים פנימה עוד שמן דקלים (אם רוצים) ומבשלים עוד עשר עד עשרים דקות.

47. פרובנס חצילים ואורז

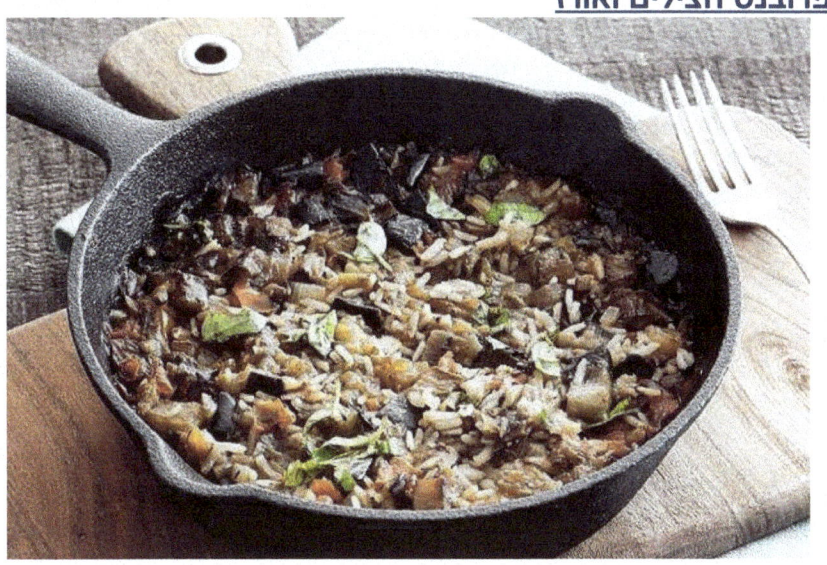

רכיבים

- 1 חציל גדול, בערך 2 פאונד
- 4 כפות שמן זית
- 3 כוסות בצל קצוץ
- 1 פלפל ירוק, מגורע וזרע, חתוך לקוביות בגודל 1 אינץ'
- 2 שיני שום טחונות
- 1 כפית טימין טרי קצוץ או ½ כפית טימין מיובש
- 1 עלה דפנה
- 3 עגבניות, קלופות, בליבה וקצוצות
- 1 כוס אורז גולמי
- ¾3 כוסות מרק עוף
- מלח ופלפל שחור
- ½ כוס גבינת פרמזן מגוררת
- 2 כפות חמאה

הוראות

a) מחממים תנור ל-400 מעלות. חותכים את קצוות החצילים וחותכים אותם לקוביות בגודל 1 אינץ'.

b) מחממים שמן במחבת גדולה ומוסיפים קוביות חצילים. מבשלים על אש גבוהה, מנערים את המחבת מדי פעם.

c) מוסיפים את הבצל, הפלפל הירוק, השום, הטימין ועלה הדפנה, תוך ערבוב.

d) מערבבים פנימה את העגבניות ומנמיכים את האש,

e) מבשלים 5 דקות או עד שרוב הנוזלים במחבת מתאדים.

f) הערה: יש לתפוח את החומרים עד שהם מסמיכים למדי.

g) מערבבים פנימה את האורז ומרק העוף.

h) מתבלים במלח ופלפל.

i) יוצקים את התערובת לתוך תבנית האפייה ומפזרים גבינה,

j) מנקדים בחמאה ואופים, ללא כיסוי, במשך 30 דקות.

48 . תבשיל אפונה עם כופתאות

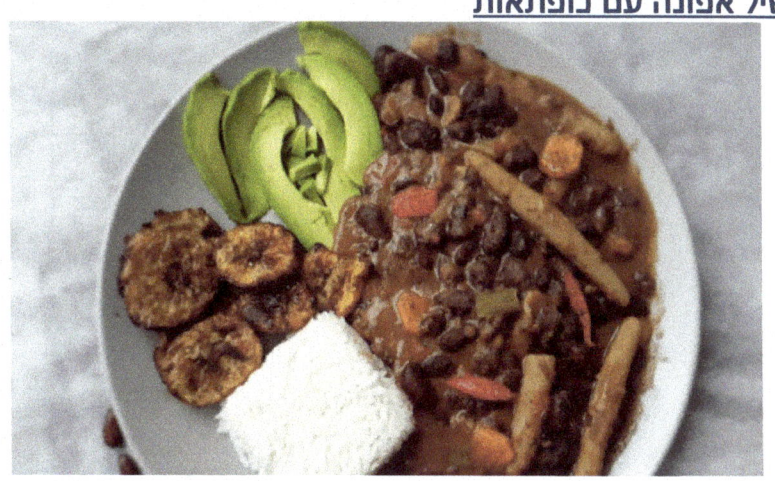

מנות: 4

רכיבים

- 1 כוס שעועית פינטו מיובשת, מושרים למשך הלילה
- 1 בצל, גדול
- 1 גזר, גדול
- 3 שיני שום
- 1 גבעול בצל ירוק
- 1 כפית טימין
- ½ כפית פלפל אנגלי, טחון
- 1 כף תיבול לכל מטרה
- מלח ופלפל לפי הטעם
- 1 פלפל סקוטי מצנפת, שלם
- 1 כוס חלב קוקוס
- 1 כף שמן, לא חובה

כופתאות ללא גלוטן

- 1½ כפות. קמח אורז לבן
- 1½ כפות. קמח כוסמת
- 1 כף עמילן תפוחי אדמה
- ½ כף קמח טפיוקה
- 1 כף קמח שקדים
- ¼ כפית מלח
- 2 כפות. מים

כיוונים

a) מסננים שעועית ספוגה ומניחים בסיר לחץ. מכסים במים מתוקים, בסנטימטר מעל השעועית. מכסים ומבשלים כ-20 עד 25 דקות.

b) בינתיים קוצצים את הבצל, השום, הגזר והבצל ואז שמים בקערה.

c) בקערה נוספת מערבבים את כל **החומרים היבשים** להכנת הכיסונים. מוסיפים מים בהדרגה, מערבבים לאחר כל מזיגה, עד שמתחיל להיווצר בצק יציב.

d) מחלקים את הבצק לכ-8 עד 10 חתיכות קטנות יותר. מגלגלים כל חלק בין כפות הידיים בצורה של חבלים באורך 3 אינץ' או בערך בגודל האצבע הזרת. מניחים את הכיסונים בצד על צלחת.

e) לאחר שהשעועית מבושלת, הניחו לסיר הלחץ לשחרר לחץ לפני הפתיחה. אתה יכול להפעיל את הסיר מתחת למי ברז קרירים כדי לעזור.

f) מסירים את המכסה ומוסיפים את התבלינים הקצוצים ושאר התבלינים.

g) מוסיפים את חלב הקוקוס, הכופתאות ומבשלים על אש נמוכה במשך 10 דקות.

h) מוסיפים את הכופתאות ואז מבשלים עוד 5 דקות עד שהכופתאות מבושלות לגמרי. אם התבשיל סמיך מדי, מוסיפים עוד מים לפי הצורך.

i) מסירים מהאש. מגישים עם אורז וירקות מאודים או אבוקדו.

49 . תבשיל דלעת

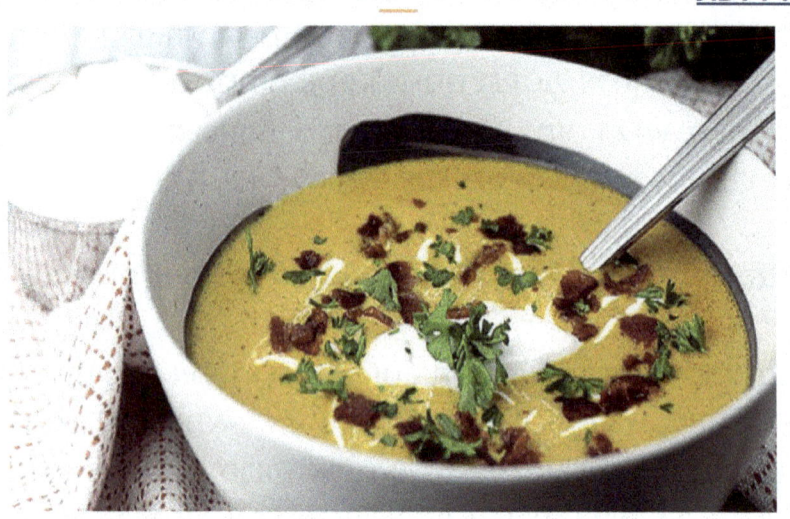

עשוי: 3 כוסות

רכיבים

- 1½ כוסות מרק עוף
- 1 כוס פירה דלעת
- ½ כפית ג'ינג'ר טרי טחון
- 2 שיני שום צלויות, קצוצות
- ½ כפית מלח
- ½ כפית פלפל
- ¼ כפית קינמון
- 4 כפות חמאה
- ½ כוס שמנת כבדה
- 4 פרוסות בייקון
- ¼ בצל, קצוץ
- ¼ כפית כוסברה
- 1/8 כפית אגוז מוסקט
- 1 עלה דפנה
- 3 כפות שאריות גריז בייקון

הוראות

a) מניחים חמאה בסיר גדול על אש נמוכה ומניחים לה להמיס ביסודיות.
b) מוסיפים את הבצל, הג'ינג'ר והשום ומערבבים היטב.
c) אפשר לזה להקפיץ במשך שתיים עד שלוש דקות, או עד שהבצל נעשה שקוף.
d) מוסיפים תבלינים למחבת ונותנים להם להתבשל 1-2 דקות.
e) מערבבים היטב את הבצל, התבלינים ומחית הדלעת במחבת.
f) מערבבים פנימה 1½ כוסות מרק עוף למחבת.
g) מביאים לרתיחה, מנמיכים את האש ומבשלים 20 דקות.
h) דוחסים אותם בבלנדר טבילה.
i) מבשלים עוד 20 דקות.
j) מבשלים בינתיים 4 חתיכות בייקון על אש בינונית.

k) כשהתבשיל מסיים לבשל, מוסיפים ½ כוס שמנת כבדה ואת שמן הבייקון.

l) מערבבים היטב.

m) מפזרים את הבייקון המפורר על גבי התבשיל.

n) מגישים עם 2 כפות שמנת חמוצה ופטרוזיליה.

50 . <u>תבשיל סקווש</u>

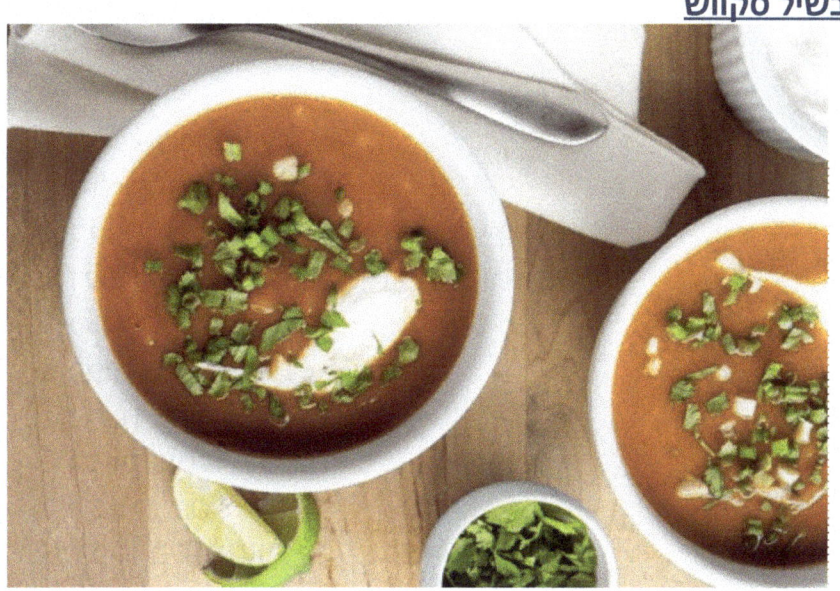

מכינה: 4 מנות

רכיבים

- 1 בצל, קלוף וקצוץ
- 1 גזר, קלוף וקצוץ
- 1 ג'לפניו, פלפל, זרעים הוסר, קצוץ דק
- 1 דלעת ספגטי, קלופה וחתוכה לקוביות
- 3 כוסות ציר עוף
- 3 כפות חמאה
- 2 כפיות במון טחון
- 2 כפיות כוסברה טחונה
- ½ כפית קינמון טחון
- ½ כפית פלפל קאיין
- ½ כפית אבקת צ'ילי
- מיץ מתפוז 1
- מיץ מ-1 ליים

אנכו קרם

- 4 כפות שמנת חמוצה
- מלח
- 3 צ'ילי אנצ'ו, חצויים, גבעולים וזרעים
- 6 כפות חלב שקדים
- פלפל
- מיץ ליים לפי הטעם

הוראות

a) בסיר כבד מטגנים בצל, גזר ופלפל ג'לפנו בחמאה עד לריכוך.

b) מתבלים בכמון, כוסברה, קינמון, קאיין ואבקת צ'ילי.

c) מוסיפים דלעת ומבשלים שתי דקות נוספות על אש נמוכה לפני הוספת ציר, מיץ תפוזים ומיץ ליים לתערובת.

d) מבשלים כחצי שעה, או עד שהדלעת רכה. אפשר קירור.

e) טוחנים את התערובת במעבד מזון או בבלנדר טבילה.

f) מחזירים את התבשיל למחבת, ומתבלים במלח ופלפל.

g) מערבבים פנימה קרם אנכו.

h) מקשטים בשמנת חמוצה שדלילה בקצת שמנת כבדה.

51. תבשיל אורז עגבניות צ'וקה

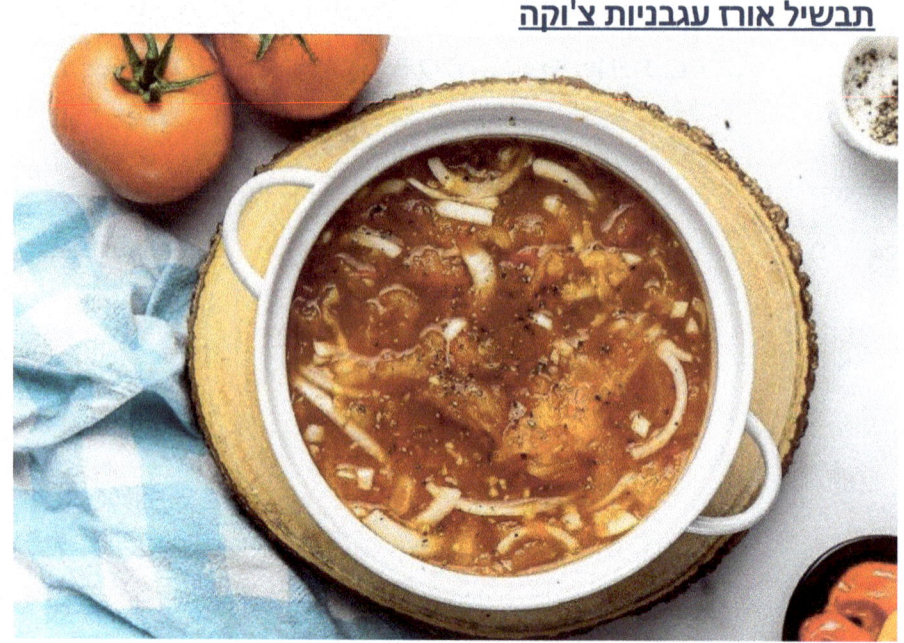

מכינה: 4 מנות

רכיבים

- 3 עגבניות
- 1 בצל
- 4 שיני שום
- 2 כפות שמן זית
- 4 כוסות ציר עוף
- ¼ פלפל סקוטי מצנפת
- 1 כוס אורז חום מבושל
- 1 כף פטרוזיליה קצוצה
- ¼ כפית פלפל שחור
- ¼ כפית מלח
- ½ כפית טימין
- 1 כף רסק עגבניות
- ½ כפית סוכר חום
- קורט כוסברה טחונה

הוראות

a) מכסים את העגבניות הבשלות ואת הפלפל הסקוטי הירוק השלם על הגריל למשך כ-2-3 דקות, ואת העגבניות כ-20-30 דקות.

b) כשהם קרירים מספיק כדי להתמודד, הסר את העור החרוך ותן להם קצוץ גס.

c) מחממים את שמן הזית ומטגנים בעדינות את קוביות הבצל, התימין והשום כ-4 דקות.

d) מוסיפים את רסק העגבניות ומבשלים עוד 2-3 דקות.

e) בעת הגבירו את האש והוסיפו את כל שאר המרכיבים מלבד האורז. להביא לרתיחה.

f) מוסיפים את האורז ומבשלים 20-25 דקות.

g) מעל מעט פטרוזיליה קצוצה ומגישים עם לחם.

תבשילי קטניות ודגנים

52. שעועית תבשיל עם חלב קוקוס

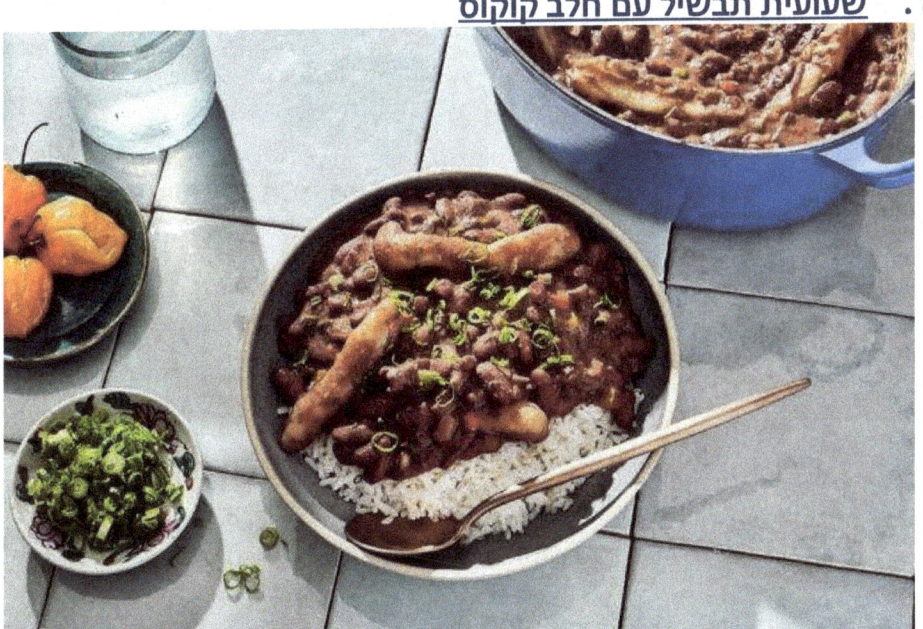

מכינה: 6 מנות

רכיבים

שעועית תבשיל

- 2 כוסות שעועית בליה מיובשת, מושרים ללילה
- 6 כוסות מים
- פחית 1-14 אונקיות חלב קוקוס
- 1 בצל, קצוץ
- 2 שיני שום, קצוצות
- 2 כפיות מלח, או לפי הטעם
- ½ כפית טימין מיובש, או 1 ענף טרי
- 1 גזר בינוני חתוך למטבעות
- 1 גזע פלפל סקוטש שלם שלם, או ¼ כפית פלפל קאיין
- ¼ כפית ג'ינג'ר טרי, מגורר
- ¼ כפית פלפל אנגלי טחון או 6 פירות יער
- 1 חבילה של כופתאות/ספינרים

כופתאות/ספינרים

- ½ כוס קמח
- ¼ כוס מים קרים
- ¼ כפית מלח

הוראות

עבור אפונת התבשיל

a) מוסיפים מים לסיר, ומביאים את השעועית לרתיחה.

b) מבשלים את השעועית במשך שעה, או עד שהיא רכה.

c) מוסיפים חלב קוקוס, גזר, בצל ושום.

d) מוסיפים את הספינרים, התימין ותבלינים אחרים ומבשלים עוד 30 דקות.

e) לפני ההגשה זורקים פנימה את הפלפל.

f) טעים בליווי סלט ואורז חום!

עבור הכופתאות

a) מערבבים מלח וקמח בקערה.

b) ליצירת בצק נוקשה מוסיפים מים ומערבבים.

c) יוצרים כופתאות ארוכות ודקות, צובטים חתיכות קטנות של בצק ומגלגלים אותן בין כפות הידיים.

d) זרוק לתוך התבשיל הרותח.

53 . תבשיל קארי חנה מטרינידד

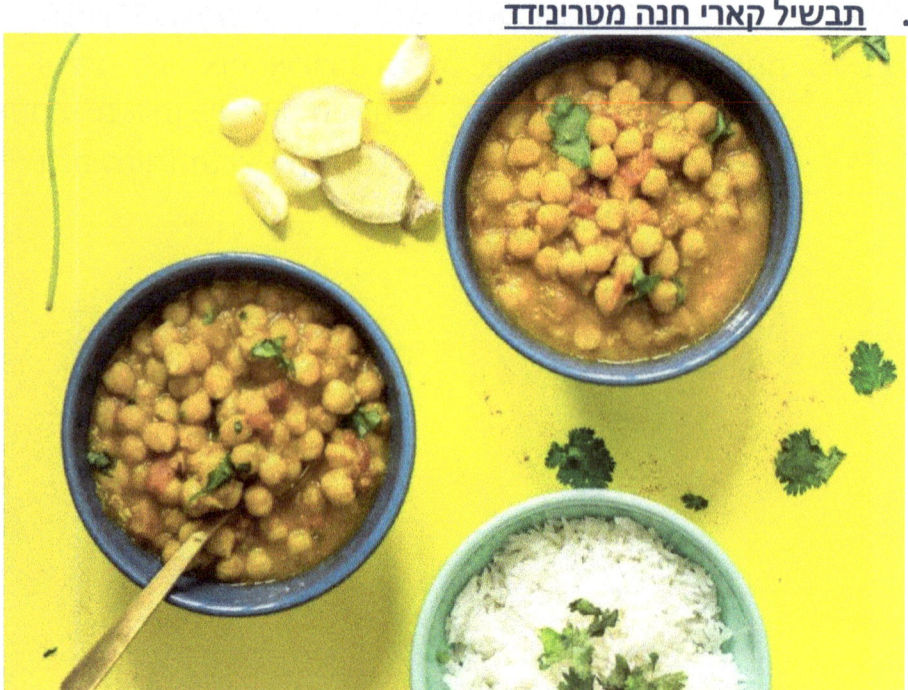

עשוי: 6 כוסות

רכיבים
- 4 כוסות חומוס, מושרים למשך הלילה
- 1 פלפל סרנו צ'ילי, זרעים וטחון
- 3 כפיות אבקת קארי
- 1 כף שמן זית
- 1 בצל צהוב
- ¼ כפית מתי/חילבה
- 1¼ כוסות מים, מחולקים
- 3 שיני שום, קצוצות
- ½ כפית כורכום
- ½ כפית כמון
- ½ כפית מלח
- 2 כפות כוסברה, קצוצה

הוראות

a) מרתיחים את גרגירי החומוס במים במשך שעה וחצי, או עד שהם רכים.

a) מסננים את השעועית תוך שמירת נוזלי הבישול.

b) בסיר על אש בינונית-גבוהה מחממים את שמן הזית.

c) מוסיפים את פרוסות הבצל ומטגנים 5 דקות, או עד שקיפות.

d) מוסיפים את הסרנו צ'ילי והשום, מבשלים עוד 2 עד 3 דקות, או עד שהם ארומטיים.

e) מערבבים פנימה את אבקת הקארי, הכמון, הכורכום והמתי למשך כ-30 שניות.

f) יוצקים פנימה ¼ כוס מים, נוזל בישול חומוס או מרק תוך כדי ערבוב התערובת.

g) מוסיפים את גרגירי החומוס המבושלים, ומבשלים 5 דקות על אש נמוכה.

h) מסירים את המכסה מהסיר, מוסיפים את המלח וממשיכים לבשל עוד 20 דקות.

i)   מעל עם הכוסברה, ומגישים עם אורז חום.

54. תבשיל בטטה חומוס

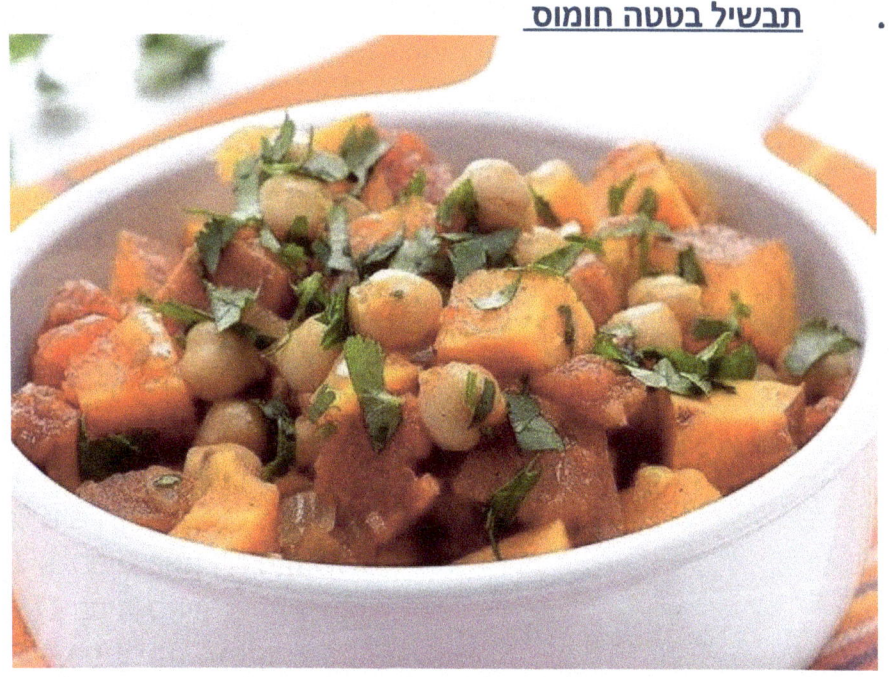

עושה: 4

רכיבים
- 15 גרם חומוס, מרוקן ושטוף
- 2 כוסות בטטה, קלופה וחתוכה לקוביות
- 4 כפות מרק ירקות
- 15 גרם עגבנייה מרוסקת צלויות באש, פחית אחת
- 3 שיני שום, קצוצות
- 1 בצל קטן, חתוך לקוביות
- 1 כפית ג'ינג'ר, טחון
- 3 כוסות מרק ירקות
- 5 גרם תרד טרי
- 1/4 כפית כוסברה מיובשת
- 1/8 כפית קאיין
- 1 כף פפריקה מתוקה
- 1/2 כפית כמון

הוראות

a) בסיר גדול או בתנור מחממים את מרק הירקות על אש בינונית. לאחר שהמרק מתבשל, מבשלים את הבצל במשך 4-5 דקות או עד שהוא שקוף.

b) מערבבים פנימה את השום והג'ינג'ר למשך 2 עד 3 דקות לפחות. מבשלים ומערבבים מדי פעם עד לריח, ואז מוסיפים פפריקה מתוקה, כמון, כוסברה וקאיין.

c) מביאים לרתיחה בסיר את החומוס, הבטטות, העגבניות המרוסקות ומרק הירקות. מנמיכים את האש לבינונית-נמוכה ונותנים לבטטות להתבשל במשך 15-20 דקות, או עד לריכוך.

d) מערבבים פנימה את התרד עד שהוא מתרכך. מגישים מיד.

55 . תבשיל חומוס ופארו

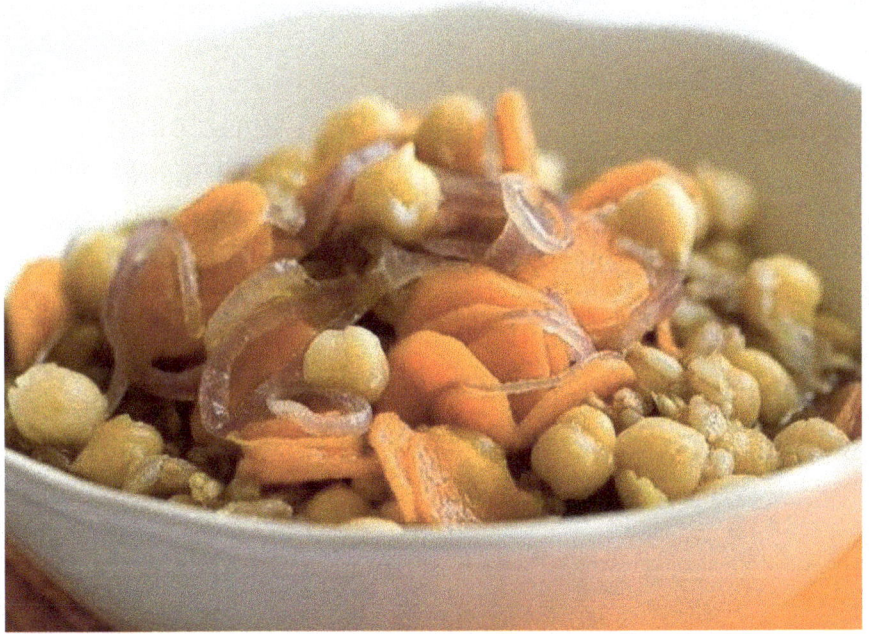

עושה: 4

רכיבים
- 3 כוסות חומוס מבושל
- 1/2 כוס פארו פנינה
- 1 גזר בינוני חתוך לקוביות
- קופסת עגבניות בנפח 14.5 גרם, חתוכה לקוביות
- 2 שיני שום, קצוצות
- 3 1/2 כוסות מרק ירקות
- 4 כפות מרק ירקות
- 1 ענף רוזמרין
- 1 בצל בינוני, חתוך לקוביות
- 1 סלרי צלעות, חתוך לקוביות
- 1/4 כפית פלפל שחור גרוס טרי
- 1/2 כפית מלח
- 1/3 כוס גבינה טרייה על בסיס צמחי מגוררת
- 2 כוסות עלי בייבי תרד ארוזים קלות, קצוצים גס

הוראות
a) בבלנדר, שלבו 1 כוס חומוס וחצי כוס מרק ירקות כדי ליצור מחית חלקה.

b) בסיר מחממים את מרק הירקות על אש בינונית. כשהמרק מתבשל, מוסיפים את הבצל, הגזר והסלרי. מבשלים במשך 6 עד 8 דקות, מדי פעם מערבבים עד שהירקות רכים.

c) מבשלים את השום דקה. לאחר מכן, מוסיפים את 2 כוסות החומוס הנותרות, 3 כוסות המרק הנותרות, העגבניות והמיצים שלהן, הרוזמרין, המלח והפלפל. מערבבים אותם לאיחוד.

d) מרתיחים, ואז מנמיכים לטמפרטורה בינונית-נמוכה ומבשלים במשך 15 דקות.

e) מגבירים את האש לבינונית-גבוהה ומוסיפים את הפארו.

f) נותנים למרק לרתוח, ואז מנמיכים את האש לבינונית-נמוכה ומבשלים. מערבבים מדי פעם לפחות 20 דקות או עד שהפארו רך.

g) מוציאים את ענף הרוזמרין ומערבבים פנימה את התרד. מבשלים עוד לפחות 1 עד 2 דקות, ואז מוסיפים פנימה את מחית החומוס. מגישים מיד.

56. תבשיל שעועית וצ'וריסו

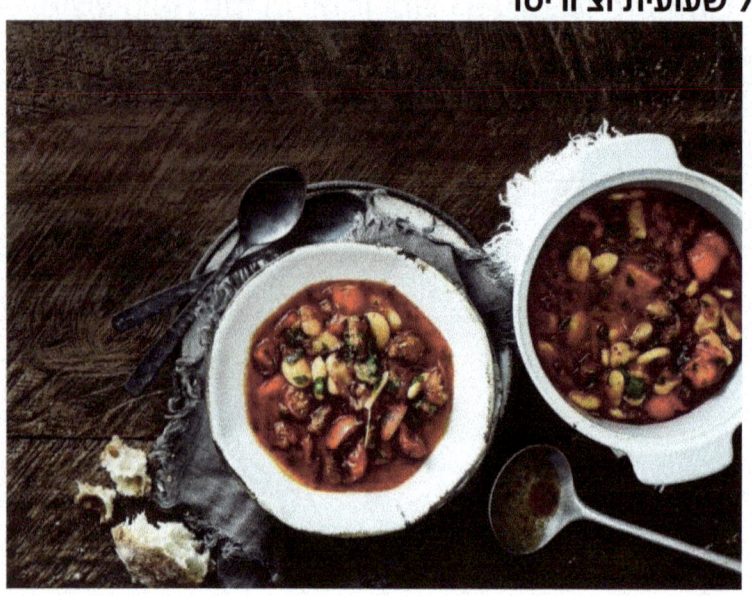

עושה: 3

רכיבים
- 1 גזר (חתוך לקוביות)
- 3 כפות שמן זית
- 1 בצל בינוני
- 1 פלפל אדום
- 400 גרם שעועית פאבס מיובשת
- 300 גרם נקניקיית צ'וריסו
- 1 פלפל ירוק
- 1 כוס פטרוזיליה (קצוצה)
- 300 גרם עגבניות (חתוכות לקוביות)
- 2 כוסות ציר עוף
- 300 גרם ירכי עוף (פילטים)
- 6 שיני שום
- 1 תפוח אדמה בינוני (חתוך לקוביות)
- 2 כפות טימין
- 2 כפות מלח לפי הטעם
- 1 כף פלפל

הוראות

a) במחבת, יוצקים שמן צמחי. לזרוק פנימה את הבצל. אפשר 2 דקות של טיגון על אש בינונית.

b) בקערת ערבוב גדולה מערבבים את השום, הגזר, הפלפלים, הצ'וריסו וירכי העוף. אפשר 10 דקות לבישול.

c) זורקים פנימה את הטימין, ציר העוף, השעועית, תפוחי האדמה, העגבניות, הפטרוזיליה ומתבלים לפי הטעם במלח ופלפל.

d) מבשלים 30 דקות, או עד שהשעועית רכה והתבשיל הסמיך.

57 . תבשיל עדשים בטטה

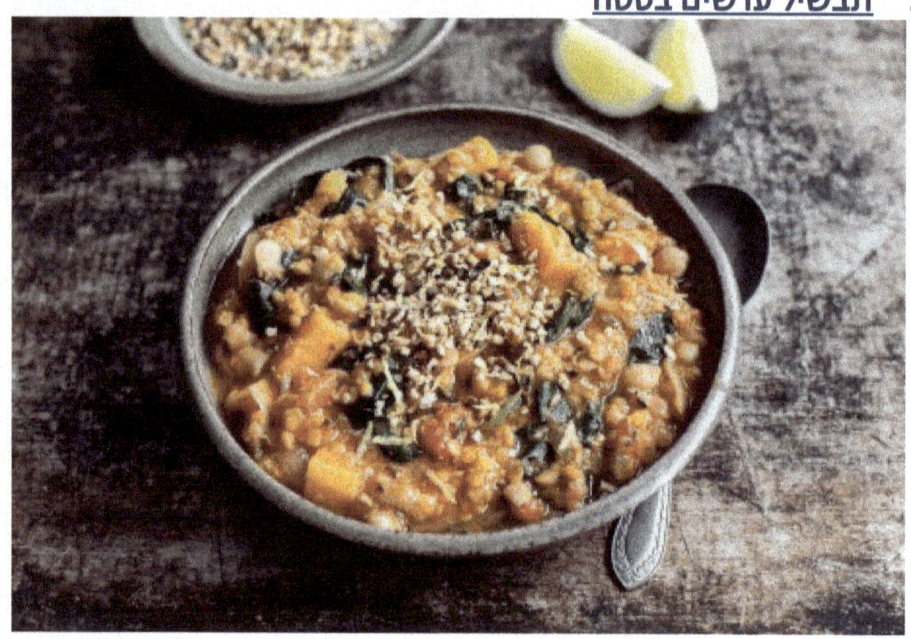

עושה: 6

רכיבים
- כוסברה טרייה (טחונה) 1/4 כוס
- מרק ירקות 5¼ כוסות
- פלפל קאיין 1/4 כפית
- ג'ינג'ר, טחון 1/4 כפית
- כמון, טחון 1/2 כפית
- שיני שום (טחונות) 4
- בצל בינוני (קצוץ) 1
- גזר, בינוני (חתוך לחתיכות 1 אינץ') 3
- עדשים מיובשות (שטיפות) 1½ כוסות
- בטטות, בינוניות 2¼ כוסות

הוראות
(a) קח סיר 3 ליטר (איטי) ואסוף את תשעת המרכיבים האחרונים.
(b) מבשלים אותם אבל לא מכסים.
(c) מבשלים על להבה נמוכה במשך 5 עד 6 שעות עד שהעדשים והירקות נעשים רכים. מערבבים לתוכו את הכוסברה.

58 . תבשיל שעועית אדומה מג'מייקה

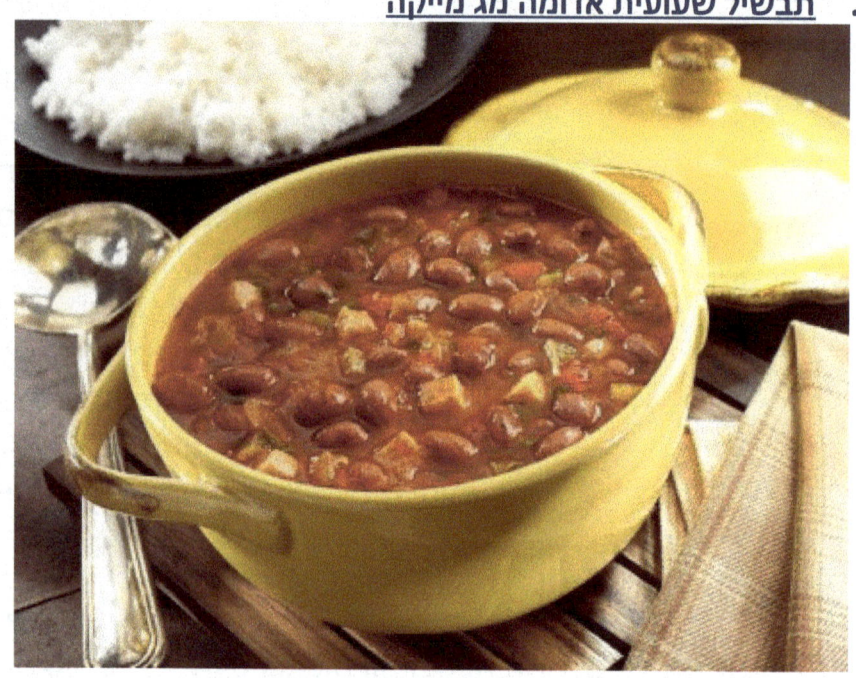

מכינה: 4 מנות

רכיבים

- 1 בצל צהוב, קצוץ
- 2 גזרים חתוכים לפרוסות
- ½ כוס מים _
- פחית של 13.5 אונקיות חלב קוקוס
- 2 שיני שום, קצוצות
- ¼ כפית פלפל שחור
- 1 בטטה, קלופה וחתוכה לקוביות
- 3 כוסות שעועית כליה אדומה כהה מבושלת, מרוקנת ושטופה
- 1 כף שמן זית
- 1 כפית אבקת קארי חמה או עדינה
- 1 כפית טימין מיובש
- ¼ כפית פלפל אנגלי טחון
- ½ כפית מלח דל נתרן
- פחית 14.5 אונקיות של עגבניות חתוכות לקוביות, מרוקן

הוראות

(a) **מחממים את השמן בסיר ומבשלים את הבצל והגזר כ-4 דקות.**

(b) **מוסיפים שום, בטטה ופלפל אדום ואחריהם שעועית כליה, עגבניות, אבקת קארי, טימין, פלפל אנגלי, מלח ופלפל שחור.**

(c) **מערבבים פנימה את המים ומבשלים, מכוסה, במשך 30 דקות.**

(d) **מערבבים את חלב הקוקוס ממש בסוף.**

59 . תבשיל ירקות שעורה וחורף

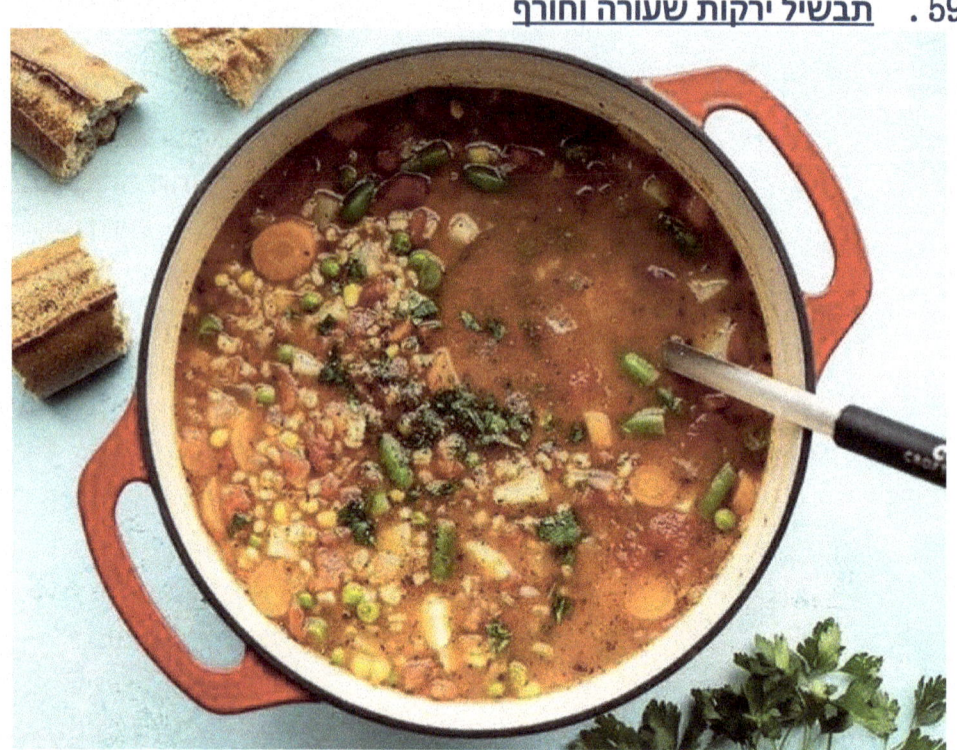

עושה 4 מנות

רכיבים

- 1 כף שמן זית
- 2 גזרים בינוניים, קצוצים
- 1 בצל צהוב בינוני, קצוץ
- 1 צלע סלרי, קצוצה
- 2 שיני שום, קצוצות
- ¾ כוס גריסי פנינה
- 4 כוסות כרוב מגורר
- 1 תפוח אדמה אדום, קלוף וחתוך לקוביות בגודל 1/2 אינץ'
- 1 כוס קרמיני או פטריות לבנות פרוסות
- 1 כף רוטב סויה
- 1 כפית טימין מיובש
- 2 כפיות שמיר מיובש
- מלח ופלפל שחור גרוס טרי
- 3 כוסות מרק ירקות

הוראות

a) בסיר גדול מחממים את השמן על אש בינונית. מוסיפים את הגזר, הבצל והסלרי. מכסים ומבשלים עד לריכוך, כ-10 דקות.

b) מוסיפים את השום ומבשלים עד לריח, דקה.

c) מוסיפים את השעורה, הכרוב, תפוח האדמה, הפטריות, רוטב הסויה, התימין, שמיר ומלח ופלפל לפי הטעם. מערבבים את המרק ומביאים לרתיחה.

d) מנמיכים את האש לנמוכה, מוסיפים את השעועית ומבשלים ללא מכסה עד שהשעורה מבושלת והירקות רכים, כ-45 דקות.

e) טועמים, מתקנים תיבול במידת הצורך, בהתאם למליחות המרק שלך. מגישים מיד.

60. תבשיל שעועית וצ'וריסו

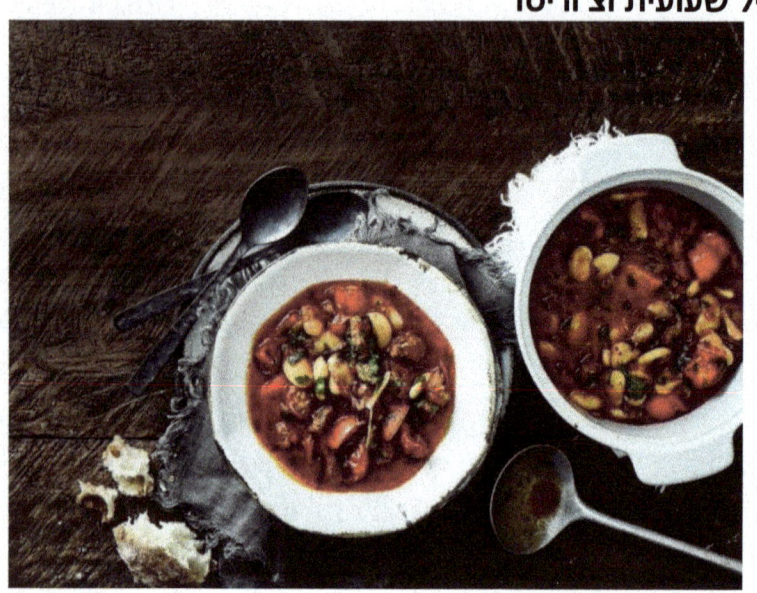

עושה: 3

רכיבים

- 1 גזר (חתוך לקוביות)
- 3 כפות שמן זית
- 1 בצל בינוני
- 1 פלפל אדום
- 400 גרם שעועית פאבס מיובשת
- 300 גרם נקניקיית צ'וריסו
- 1 פלפל ירוק
- 1 כוס פטרוזיליה (קצוצה)
- 300 גרם עגבניות (חתוכות לקוביות)
- 2 כוסות ציר עוף
- 300 גרם ירכי עוף (פילטים)
- 6 שיני שום
- 1 תפוח אדמה בינוני (חתוך לקוביות)
- 2 כפות טימין
- 2 כפות מלח לפי הטעם
- 1 כף פלפל

הוראות

e) במחבת, יוצקים שמן צמחי. לזרוק פנימה את הבצל. אפשר 2 דקות של טיגון על אש בינונית.

f) בקערת ערבוב גדולה מערבבים את השום, הגזר, הפלפלים, הצ'וריסו וירכי העוף. אפשר 10 דקות לבישול.

g) זורקים פנימה את הטימין, ציר העוף, השעועית, תפוחי האדמה, העגבניות, הפטרוזיליה ומתבלים לפי הטעם במלח ופלפל.

h) מבשלים 30 דקות, או עד שהשעועית רכה והתבשיל הסמיך.

61. תבשיל עדשים קל

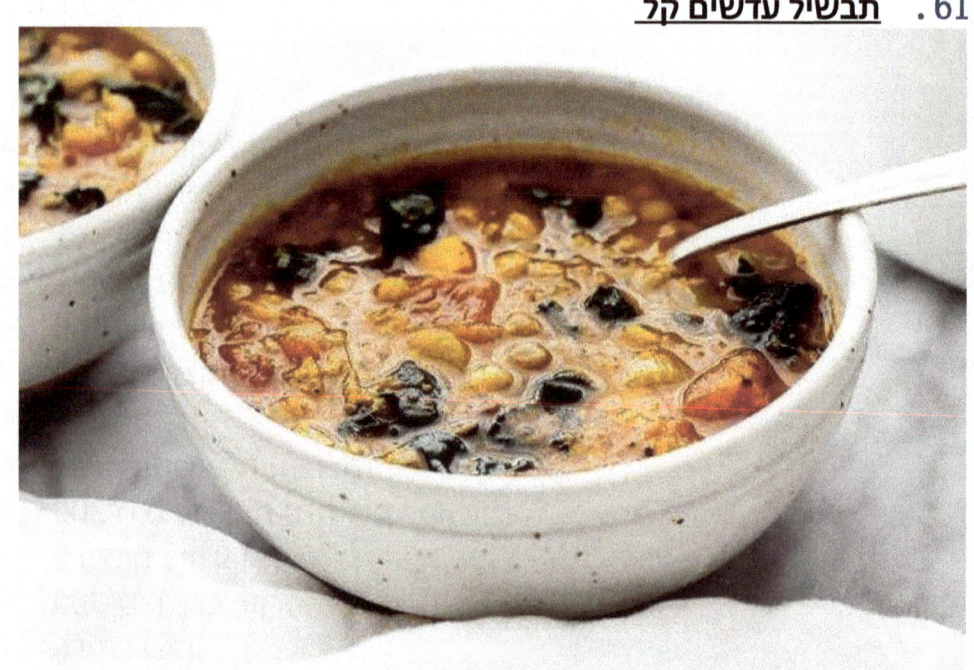

רכיבים

- 250 גר' עדשים חומות
- 1 זוקיני
- 2 גזרים
- 1 בצל
- 1 שן שום
- 1 עלה דפנה
- 2 עגבניות ענפים קטנים
- 1 חתיכה של ג'ינג'ר
- 3 כפיות שמן זית
- 2 ענפי כוסברה או פטרוזיליה
- מלח ופלפל

הוראות

d) מכינים את הירקות. ראשית, קולפים את הבצל והשום וקוצצים אותם. לאחר מכן, קולפים את הג'ינג'ר וקוצצים אותו דק מדי. ולבסוף, קולפים את הגזר, שוטפים את הקישואים, מוציאים אותם וחותכים לקוביות.

e) מטגנים את הירקות. מחממים 2 כפיות שמן בתבשיל, מוסיפים מחצית מהבצל והשום ומבשלים כ-3 או 4 דקות בערך. לאחר מכן מוסיפים את הג'ינג'ר, עלה הדפנה, הגזר והקישוא, ומקפיצים מעט.

f) מבשלים את העדשים. לאחר שמקפיצים את הירקות מוסיפים את העדשים. מכסים ב-¾ ליטר (750 מ"ל) מים ומבשלים על אש נמוכה במשך 45 דקות עד שהעדשים רכות, ושומרים.

הרכיבו את הצלחת

g) לבסוף שוטפים את העגבניות וקוצצים אותן. מערבבים אותם עם שאר הבצל והשום, ומתבלים אותם במלח, פלפל ושאר השמן. מחלקים את העדשים ל-4 קערות או קערות, ומוסיפים את שאיש העגבניות וכמה עלי כוסברה או פטרוזיליה.

h) ואם רוצים גרסה טרייה ומהירה במיוחד, במקום לתבשיל את העדשים, אפשר לקנות אותן כבר מבושלות ולהכין סלט.

i) צריך להקפיץ מעט את הירקות, אבל לא יותר מדי כדי שיישארו אל דנטה. ומערבבים אותם עם העדשים שכבר בושלו וסחוטות, ועם האש עגבניות.

62. תבשיל שעועית שחורה

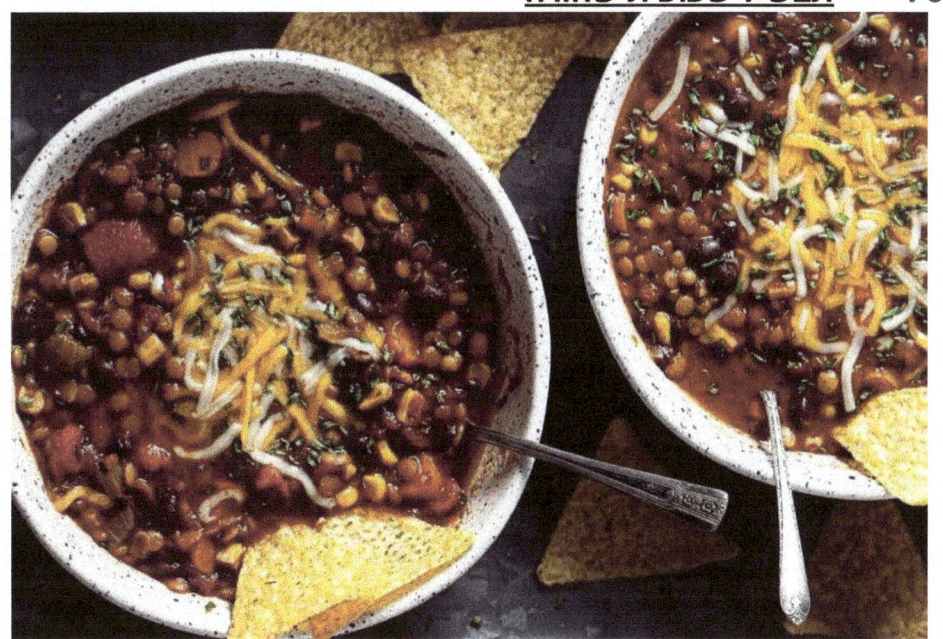

רכיבים

- 1 בצל בינוני, קצוץ
- 1 גזר בינוני, קצוץ
- 1 תפוח אדמה בינוני, חתוך לקוביות
- 5 כוסות מים
- 1 כוס פתיתי עדשים יבשים
- 1 כוס מרק שעועית שחורה פתיתים
- 2 כפות רוטב חריף

הוראות

a) מכניסים לסיר את הבצל ותפוח האדמה ונותנים לו להתחמם עם המים. מרתיחים במשך 2 דקות.

b) מוסיפים גזר. מרתיחים במשך 2 דקות.

c) מערבבים פנימה פתיתים. מסירים מהאש, שמים מכסה ומניחים לאדות 5 דקות. מערבבים עם כף ומוסיפים עוד מים במידת הצורך.

d) מוסיפים רוטב חריף ומגישים.

63 . תבשיל דלעת עדשים וחמאה

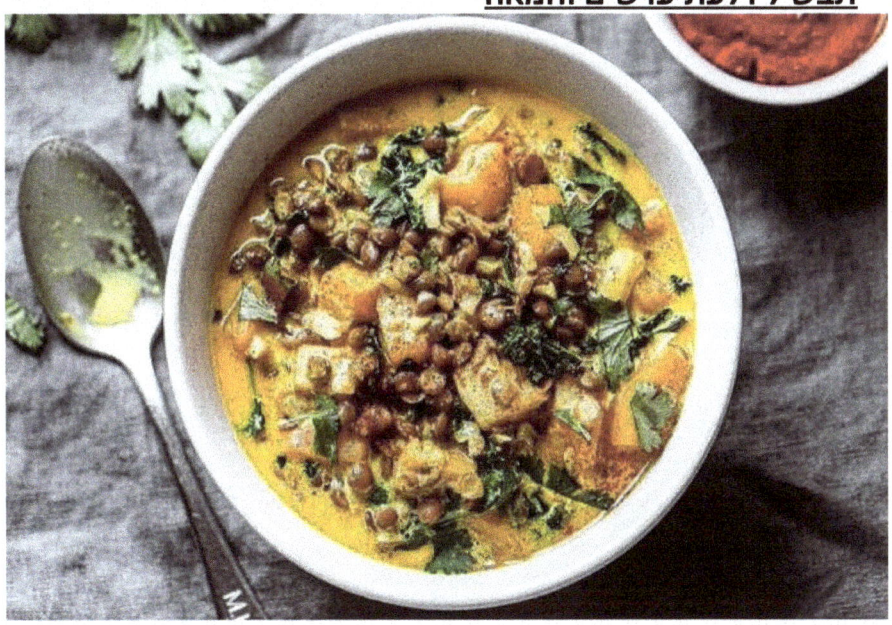

עושה: 4

רכיבים

- 225 גרם עדשים חומות, מושרות
- 2 בצלים חומים
- 750 מ"ל ציר ירקות ללא חיטה
- 4 גזרים
- ½ דלעת חמאה
- 1 בטטה
- 2 תפוחי אדמה לבנים
- 1 מקל סלרי
- חופן אפונת גינה טרייה
- חופן גרגיר הנחלים
- 2 כפות שמיר טרי
- 1 כפית רוטב תמרי

הוראות

a) לְהָבִיא ציר ובצל לרתיחה במחבת.

b) מוסיפים עדשים, תפוחי אדמה, דלעת וגזר ומבשלים 15 דקות.

c) זורקים פנימה את הסלרי, האפונה הטרייה, העלים והשמיר.

64. עמק אשווגנדה

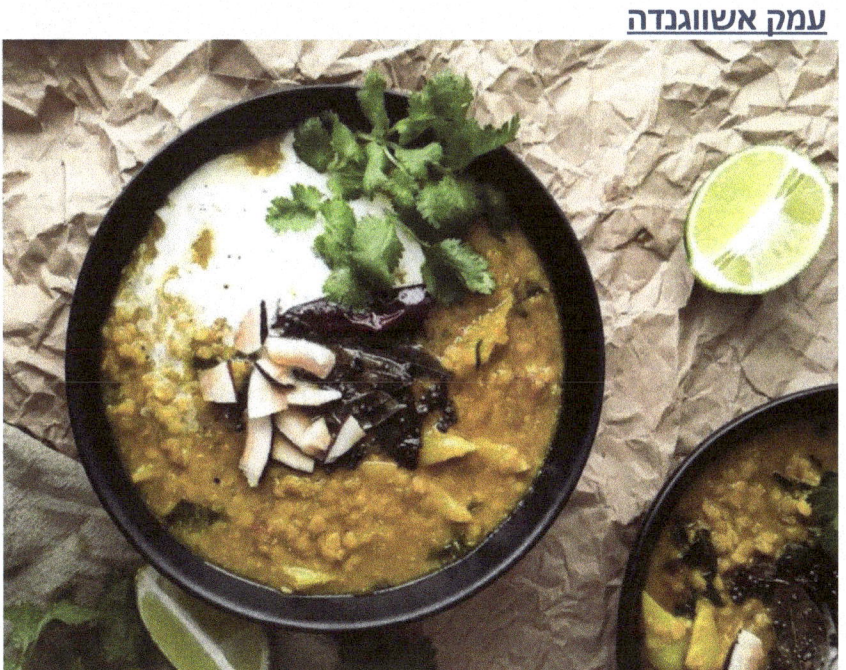

עושה: 4

רכיבים

מרכיבי DAL (עדשים קארי).

- 2 כפיות שמן קוקוס אורגני כתית
- 1 בצל בינוני אורגני, קוביות קטנות
- משחת קארי אורגנית
- 2 כפיות אשווגנדה מעוצבת בטבע
- 1 כפית אמינו תמרי אורגני או קוקוס אורגני
- 1 כפית סירופ מייפל אורגני
- 1 כפית מחית תמרהינדי אורגנית
- 1 עגבנייה אורגנית בינונית, קצוצה
- ½ כוס שעועית ירוקה אורגנית אחרת, קצוצה לשניים
- ¾ כוס עדשים אדומות אורגניות (מעור דאל)
- 3-4 כוסות מרק עצמות בקר מוגבה במרעה או נוזל לבחירתך
- 1 כפית משחת מיסו אורגני
- 2 גבעולי קייל אורגני, קצוצים
- ⅓ כוס חמאת קוקוס אורגנית או יוגורט קוקוס/קפיר
- מלח ים ופלפל שחור אורגני לפי הטעם
- כוסברה אורגנית טרייה קצוצה, ומיץ לימון אורגני סחוט טרי, להגשה

תבלינים מזג

- 1 כף שמן קוקוס אורגני כתית
- 1 קשמירי אורגני או צ'ילי מיובש אחר
- 1 כפית זרעי חרדל אורגניים
- 1 כפית זרעי חילבה אורגניים
- 6 עלי קארי אורגניים מיובשים או טריים

הוראות

a) ראשית, מכינים את משחת הקארי. שמים את כל מרכיבי הקארי במעבד מזון: ליים, ג'ינג'ר, שום, צ'ילי, כמון, עלי קארי, עשב לימון, קוקוס מגורר, מלח ים ופלפל שחור. הוסף ½ כוס מים כדי לדלל אותו. מערבבים

את התערובת במשך כמה דקות עד לקבלת עקביות דמוית משחה, ועצור מדי פעם כדי לגרד את הצדדים. הוסף עוד כמה נתזי מים במידת הצורך כדי לקבל את המרקם הרצוי. מעבירים את משחת הקארי המוגמרת לקערה קטנה ומניחים בצד.

b) מכינים את הדאל (קארי עדשים). מחממים את שמן הקוקוס בסיר גדול וכבד תחתית על אש בינונית. מוסיפים את הבצל ומטגנים עד שהם רכים ושקופים, כ-4 דקות.

c) מוסיפים פנימה את כל משחת הקארי וממשיכים לערבב כדי לצפות בו באופן אחיד את הבצלים. מערבבים עד שהתבלינים ריחניים, כ-30 שניות.

d) מוסיפים את האשווגנדה, התמרי, סירופ המייפל, התמרינדי, העגבנייה, השעועית הירוקה והעדשים האדומות, ומערבבים כדי לצפות אותם בצורה אחידה בשמן ובתבלינים. מגרדים כל חתיכות שחומות מתחתית הסיר. מתבלים את התערובת במלח ופלפל. יוצקים פנימה את מרק העצמות, ונותנים לו עוד כמה ערבובים לאיחוד.

e) מכסים את הסיר במכסה ומביאים לרתיחה. מנמיכים את האש לרתיחה ומבשלים את התבשיל מכוסה כ-30 דקות או עד שהעדשים מבושלות.

f) בינתיים, מזג את תוספות התבלינים שלך. במחבת קטנה על אש בינונית-גבוהה, מחממים את שמן הקוקוס. מנמיכים את האש לבינונית-נמוכה ברגע שהוא מתחיל לנצנץ. מוסיפים את הצ'ילי הקשמירי, זרעי החרדל, זרעי החילבה ועלי הקארי. הניחו להם לשבת בשמן החם כדקה, תוך מעקב אחריהם כדי לוודא שהם לא יישרפו. לאחר שהזרעים ריחניים וצוצצים, מסירים אותם מהאש ומיד מניחים את המחבת בצד כדי למנוע שריפת התבלינים.

g) עד עכשיו, הדאל שלך אמור להתבשל ולהתקרר במידה ניכרת. מסירים את הסיר מהאש. מקציפים את הדאל במרץ כדי לעודד פירוק נוסף של העדשים. מוסיפים פנימה את משחת המיסו, חמאת הקוקוס והקייל הקצוץ, ומערבבים לאיחוד עד שהקייל מתחיל לנבול מחום הבישול הנותר.

h) מזלפים בעדינות את התבלינים הממוזגים והשמן על גבי הדאל. אתה יכול לערבב אותו קלות אם אתה רוצה. אפשר גם לחלק את הדאל

לקערות הגשה ואז לקשט מעל את התבלינים הממוזגים אם תרצו. מקשטים את הדאל בכוסברה טרייה. הגישו אותו חם עם חתיכות לימון והתוספות האהובות עליכם.

65. תבשיל קרם תירס

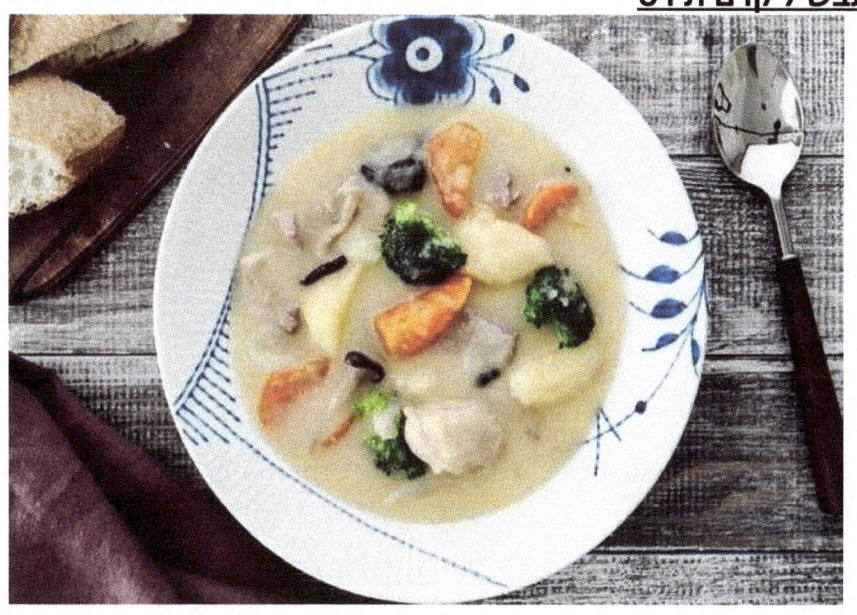

מייצר: 2 קערות מרק ע

רכיבים
- 2 כוסות גרעיני תירס חתוכים טריים
- ¼ כוס בצל טרי פרוס
- 1 שן שום
- 1 כף שמן קוקוס
- 1 מתכון בסיס מרק שמנת על בסיס צמחי

הוראות
a) מטגנים תוך ערבוב את התירס , הבצל והשום בשמן הקוקוס במשך 5 דקות במחבת גדולה.
b) בבלנדר, שלבו את התערובת הזו עם בסיס מרק השמנת הצונן הצונן.
c) מגישים מיד.

66. תבשיל סוכותש דרום

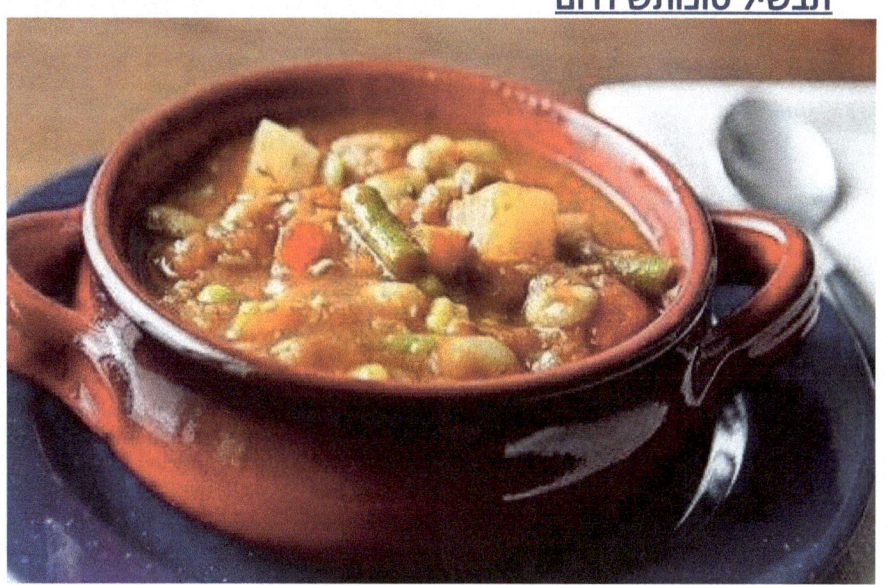

מכינה: 4 מנות

רכיבים

- 10 אונקיות טמפה
- 2 כפות שמן זית
- 1 בצל צהוב מתוק גדול, קצוץ דק
- 2 תפוחי אדמה רדומים בינוניים, קלופים וחתוכים לקוביות בגודל 1/2 אינץ'
- פחית 14.5 אונקיה עגבניות חתוכות לקוביות, סחוטות
- חבילת 16 אונקיות סוקוטאש קפוא
- 2 כוסות מרק ירקות 2 כפות רוטב סויה
- 1 כפית חרדל יבש
- 1 כפית סוכר
- ½ כפית טימין מיובש
- ½ כפית פלפל אנגלי טחון
- ¼ כפית קאיין טחון
- מלח ופלפל שחור גרוס טרי

הוראות

a) בסיר בינוני של מים רותחים, מבשלים את הטמפה במשך 30 דקות. מסננים, מייבשים וחותכים לקוביות בגודל 1 אינץ'.

b) במחבת גדולה מחממים כף אחת מהשמן על אש בינונית. מוסיפים את הטמפה ומבשלים עד להשחמה משני הצדדים, כ-10 דקות. לְהַפְרִישׁ.

c) בסיר גדול, מחממים את 1 כף השמן הנותרת על אש בינונית. מוסיפים את הבצל ומטגנים עד שהוא מתרכך, 5 דקות. מוסיפים את תפוחי האדמה, הגזר, העגבניות, הסוקוטאש, המרק, רוטב הסויה, החרדל, הסוכר, התימין, הפלפל האנגלי והקאיין. מתבלים במלח ופלפל לפי הטעם. מביאים לרתיחה, ואז מנמיכים את האש לנמוכה ומוסיפים את הטמפה. מבשלים, מכוסה, עד שהירקות רכים, תוך ערבוב מדי פעם, כ-45 דקות.

d) כ-10 דקות לפני סיום הבישול של התבשיל, מערבבים פנימה את העשן הנוזלי. טועמים, מתקנים תיבול במידת הצורך

תבשילי דגים ופירות ים

67 . תבשיל אד דג מלח

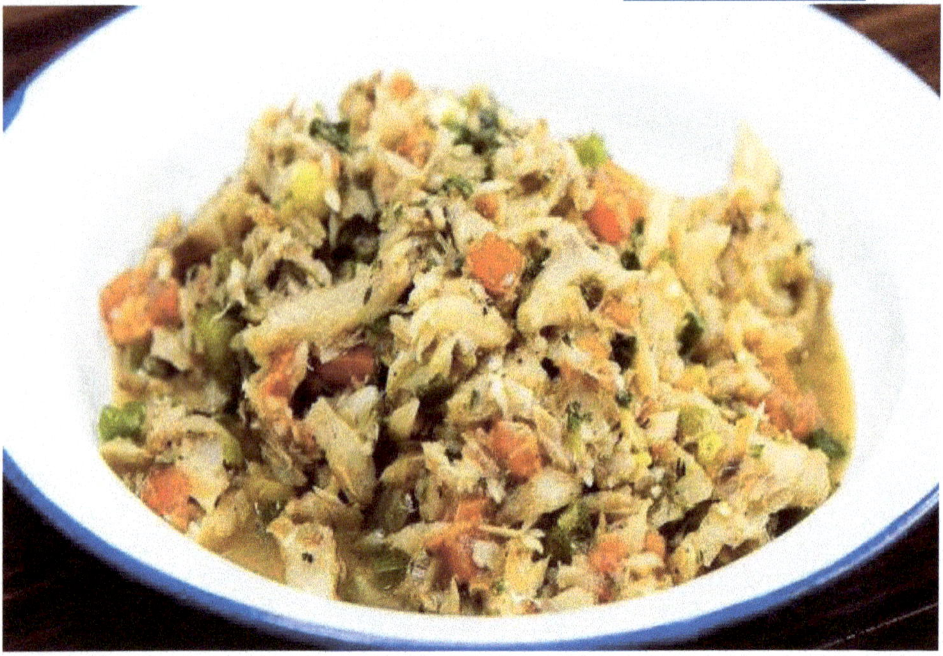

עושה: 6

רכיבים

- 12 אונקיות בקלה מלוח/בקלאו
- 1 בצל קצוץ דק
- 1 עגבנייה בקר, חתוכה לקוביות
- 1 פלפל חריף, קצוץ
- 2 כפות שמן צמחי
- 3 פלפלים פימנטו, קצוצים
- 1 פלפל חריף, קצוץ
- ¼ כפית פלפל שחור
- 4 שיני שום, כתושות
- 4 עלי כוסברה, קצוצים
- 1 גבעול סלרי, קצוץ
- 2 בצל ירוק קצוץ
- 1 כף פתיתי טימין
- קורט מלח

הוראות

a) מכסים את דג המלח במים ונותנים לו להשרות כ-20 דקות, מסננים את המים.

b) מחממים את השמן בסיר.

c) הוסף את הירקות הקצוצים שלך, כולל פלפל חריף, פלפל פימנטו, שום, בצל, סלרי ובצל ירוק.

d) מוסיפים את דג המלח לסיר.

e) מוסיפים את יתרת הכוסברה, העגבניות והפלפל השחור.

f) לאחר חמש דקות נוספות של בישול מסירים מהאש.

68 . שמן בקלה למטה תבשיל

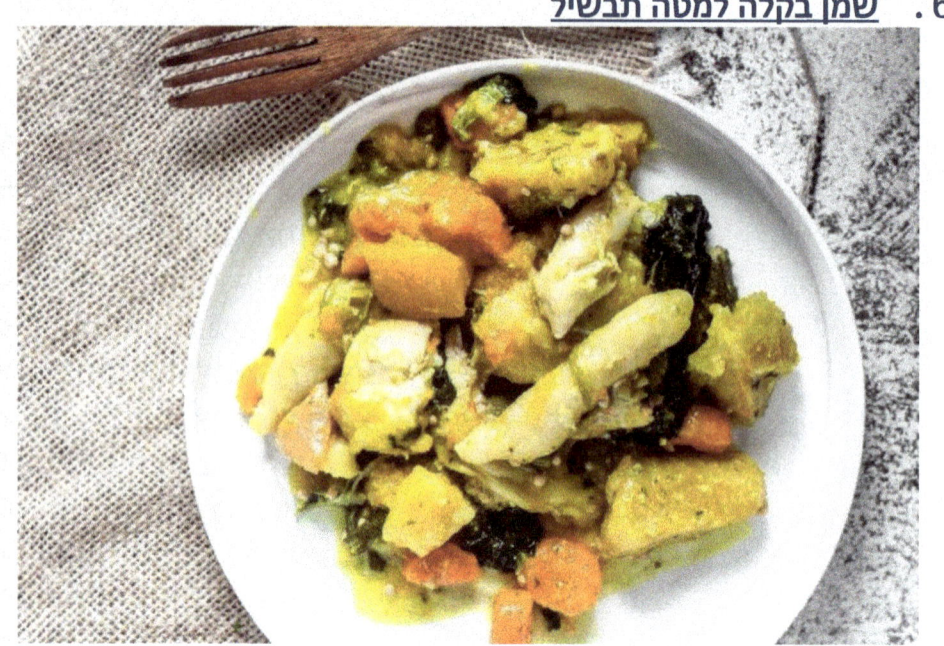

מכינה: 4 מנות

רכיבים

- ½ קילו עלי טארו, קצוצים
- 2 ענפי טימין
- חצי קילו בקלה מלוח נחתכים לקוביות ושוטפים היטב
- 2 גבעולי סלרי
- 2 גזרים פרוסים
- 1 פרי לחם, קלוף וחתוך לחתיכות
- כמה גבעולים של עירית, קצוצה דק
- 1 כפית כורכום
- 1 פלפל ירוק, קצוץ דק
- 2 בצלים פרוסים
- ½ כפית אגוז מוסקט
- 2 כפות פטרוזיליה טרייה, קצוצה דק
- 2 שיני שום כותשות
- 2 פלפלים חריפים אדומים חתוכים לקוביות דקות
- 1 כף ג'ינג'ר טרי, מגורר דק
- ½ כוס חלב קוקוס
- 1 כוס שמנת כבדה
- מלח
- פלפל
- 3 כפות שמן קנולה

הוראות

a) במחבת ברזל יצוק מבשלים את הבצלים על אש בינונית-נמוכה.

b) מוסיפים את הפלפל החריף, השום, העירית, הג'ינג'ר, הטימין והפטרוזיליה ומבשלים, תוך ערבוב תכוף, במשך דקה.

c) זורקים פנימה את פרי הלחם, הגזר, הפלפל הירוק, הסלרי ועלי הטארו.

d) מבשלים 5 דקות תוך כדי ערבוב מתמיד על אש בינונית-גבוהה.

e) מוסיפים את חלב הקוקוס, השמנת הכבדה, המוסקט והכורכום.

f) מוסיפים מלח ופלפל לתיבול.

g) מבשלים 50 דקות עד שהרוטב מצטמצם.

69 . תבשיל פורל בבישול איטי

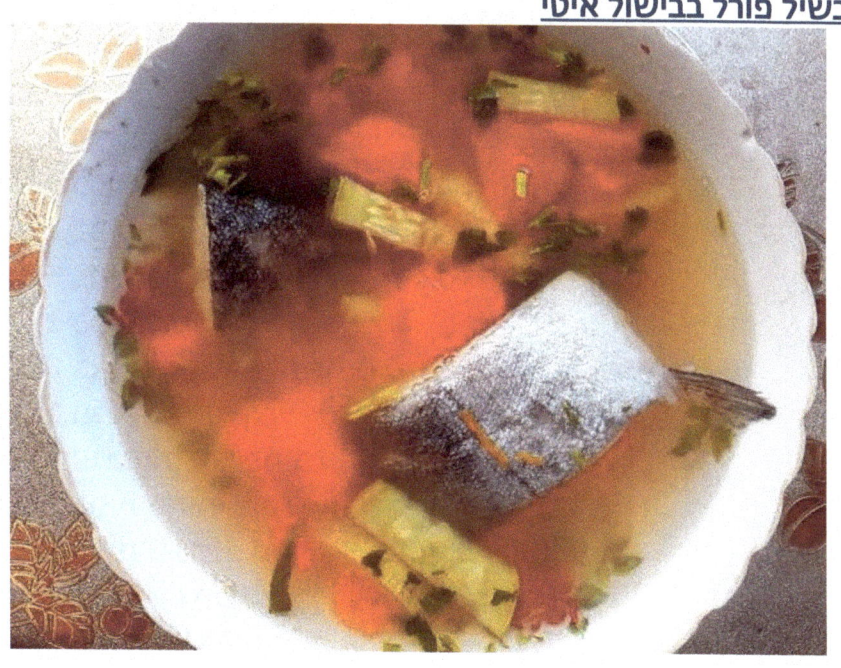

מכינה: 4 מנות

רכיבים
- 4 פורלים
- 1 כפית פלפל אנגלי
- 1 כפית פפריקה
- 1 כפית כוסברה
- 2 כפות שמן זית
- 6 בצלים קפיציים, פרוסים סמיך
- 1 פלפל אדום, קצוץ
- 2 עגבניות, קצוצות גס
- 1 כפית פתיתי צ'ילי מיובשים
- 1 כפית טימין
- 1 כוס ציר דגים
- מלח ופלפל לפי הטעם
- לחם להגשה

הוראות
a) מאחדים את התבלינים ומפזרים אותם על הפורל.
b) מוסיפים פורל לשמן חם במחבת ומבשלים עד להשחמה.
c) מסדרים אותו בסיר לבישול איטי.
d) מוסיפים את שאר החומרים, יחד עם שאריות התבלינים, ומביאים לרתיחה.
e) מבשלים את הפורל במשך שעתיים.
f) מגישים עם לחם.

70. דג תבשיל חום

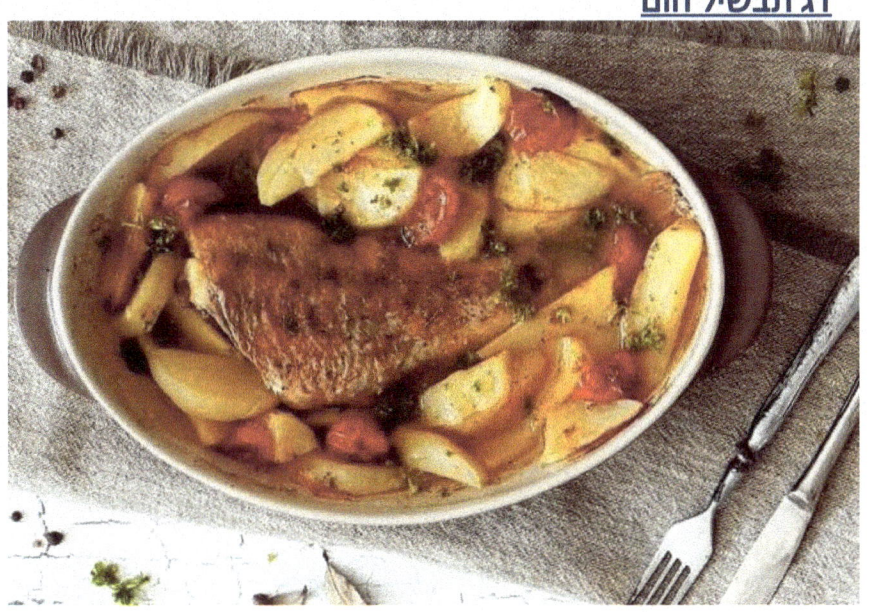

מכינה: 2 מנות

רכיבים

עבור הדגים

- 1 כפית מלח ורוד
- 2 דגים שלמים כמו סנאפר או תוכי
- חצי כפות תבלין דגים
- 1 כפית פלפל שחור

לרוטב התבשיל החום

- 8 ענפי טימין
- 8 גרגרי פימנטו
- ½ פלפל אדום, פרוס
- ½ פלפל כתום
- 1 ג'וליאן גזר בינוני
- 1½ כפות רוטב השחמה תוצרת בית
- 1 כפית תבלין דגים
- שמן זית לטיגון
- 1 בצל, פרוס
- 2 בצל ירוק, פרוס
- 4 שיני שום, קצוצות
- 3 כפות רסק עגבניות
- 2 כפות חמאה ללא חלב
- 1½ כוסות מים חמים

הוראות

a) משפשפים את הדג משני הצדדים בתיבול דגים, פלפל שחור ומלח.

b) שים את השמן במחבת או במחבת טפלון בגודל גדול ומחממים אותו עד שהוא חם.

c) שמים את הדג במחבת, מנמיכים את האש לבינונית וצורבים את שני הצדדים.

d) מסננים את השמן לפני שמחזירים את המחבת ללהבה.

e) מוסיפים 2 כפיות שמן למחבת ומאדים במשך 2 עד 3 דקות עם הבצל, השום, הפלפלים, הגזר, בצל ירוק, פימנטו, טימין ומצנפת סקוץ'.

f) מוסיפים את המים, רוטב השחמה וכפית אחת של תבלין דג.

g) לבסוף, מוסיפים את הדג ומנקדים אותו בחמאה כך שהוא יימס לתוך המנה.

h) מכסים את המחבת ומבשלים 10 דקות.

i) מבסים את הדג באופן קבוע כדי לאפשר לרוטב להיטמע בדג.

j) מגישים ונהנים.

71 . <u>תבשיל קלמארי ושומר</u>

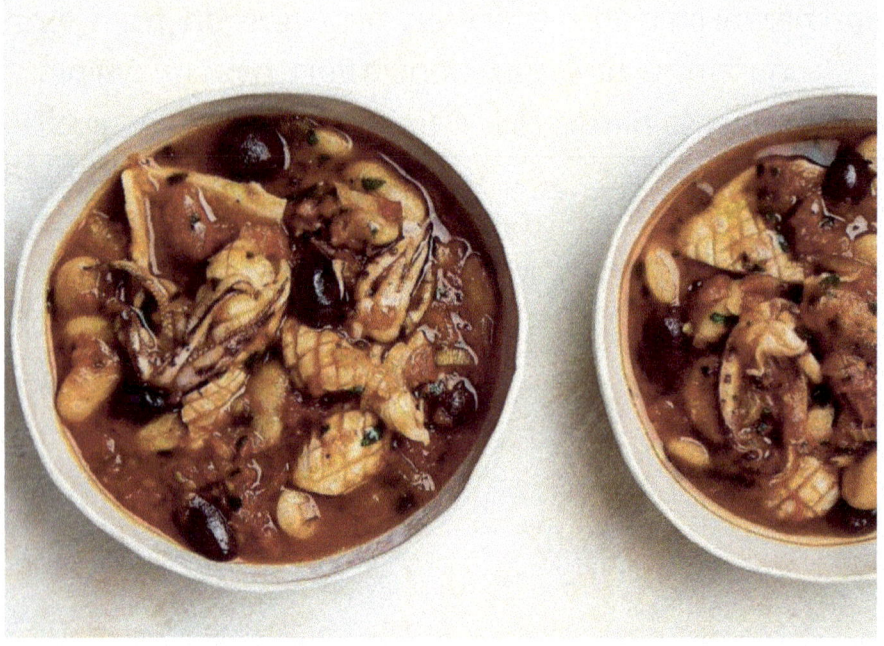

עושה: 4

רכיבים

- 3 כפות שמן זית כתית מעולה, בתוספת תוספת לטפטוף
- 1 בצל, קלוף וחתוך לקוביות
- 4 שיני שום, קלופות ופרוסות דק
- 1 פקעת שומר קטנה, קצוצה ופרוסה דק
- ½ כפית פתיתי צ'ילי
- 2 כפיות זרעי שומר
- 1 כפית פפריקה מעושנת מתוקה
- 3 ענפי רוזמרין, עלים קצוצים דק
- 150 מ"ל יין לבן יבש
- 2 קופסאות של 400 גרם עגבניות קצוצות
- 600 גרם קלמארי נקי, או תערובת של קלמארי מנוקה וסרטנים קלופים
- 2 קופסאות 400 גרם של שעועית חמאה, מסוננים ושטופים
- 100 גרם זיתי קלמטה מגולענים חופן קטן של פטרוזיליה עלים שטוחים, קצוצים גס
- מלח ים ופלפל שחור גרוס טרי

הוראות

a) מניחים מחבת טפלון גדולה על אש בינונית-גבוהה. כשהוא חם מוסיפים את השמן והבצל ומאדים 2-3 דקות. מוסיפים את השום ומטגנים עוד 2 דקות. מוסיפים את השומר הפרוס, הצ'ילי, זרעי השומר, הפפריקה והרוזמרין ומבשלים 3-4 דקות.

b) מגבירים את האש לגבוהה, מוסיפים את היין ומצמצמים בחצי לפני שמוסיפים את העגבניות למחבת. מביאים לרתיחה ומבשלים 10 דקות.

c) בינתיים, הכינו את הקלמארי שלכם. חתכו את הצד הארוך של כל צינור קלמארי ופתחו אותו החוצה בצורה שטוחה. בעזרת סכין חדה, חורצים קלות את החלק הפנימי של הבשר, ואז חותכים לחתיכות של 5- 7 ס"מ.

d) מוסיפים את הקלמארי למחבת ומבשלים 5-6 דקות תוך ערבוב מדי פעם.

e) מוסיפים את שעועית החמאה והזיתים ומבשלים עוד 2-3 דקות. מתבלים לפי הטעם, מסירים מהאש ומערבבים פנימה את הפטרוזיליה.

f) מזלפים את התבשיל לקערות חמות, מזלפים שמן זית כתית מעולה ומגישים עם לחם פריך וסלט פשוט.

72. תבשיל דגים עם צ'ילי

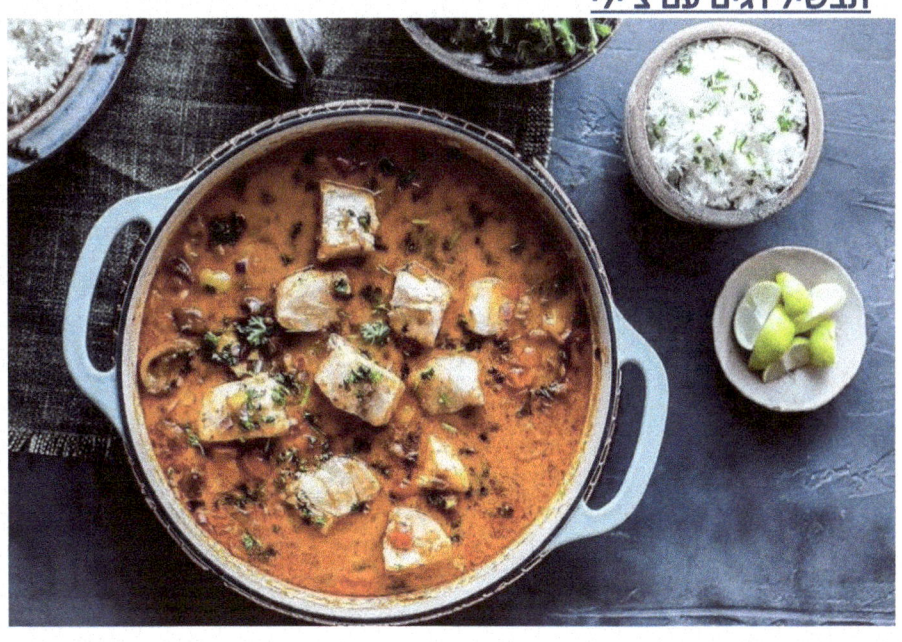

עושה: 4

רכיבים

- 1 בצל, קצוץ
- 2 פקעות שומר, קצוצות
- 1 צ'ילי אדום, קצוץ דק
- 1 קופסת עגבניות שזיפים
- 6 כפות שמן זית
- 1 כפית זרעי שומר, טחונים
- 2 שיני שום, כתושות
- 1 פאונד. פילה דג לבן
- 3 אונקיות שקדים קלויים, טחונים
- 3 אונקיות של ציר ירקות
- ½ כפית אבקת פפריקה מתוקה
- 1 כף עלי טימין טריים
- 1 כפית חוטי זעפרן
- 3 עלי דפנה טריים
- קינואה וירוק אביב
- 1 לימון חתוך לקוביות

הוראות

a) מאודים בצל, שומר, צ'ילי, זרעי שומר כתושים ושום.

b) מוסיפים פפריקה, טימין, זעפרן, עלי דפנה ועגבניות.

c) מביאים לרתיחה עם ציר הירקות.

d) מוסיפים לתבשיל את הדג/טופו יחד עם השקדים.

e) מגישים עם ירקות, קינואה ופלחי לימון.

73. תבשיל צ'אודר דגים

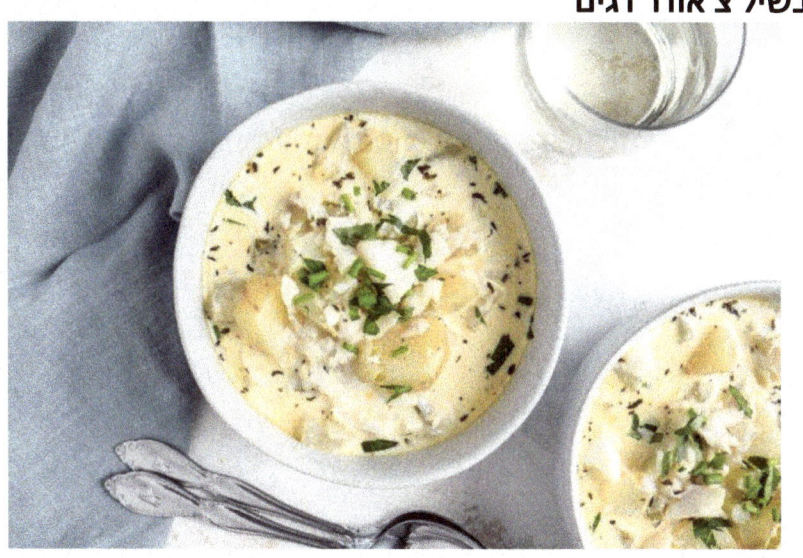

עושה: 8

רכיבים
- 32 אונקיות קופסאות עגבניות חתוכות לקוביות
- 2 כפות שמן זית
- ¼ כוס סלרי קצוץ
- ½ כוס ציר דגים
- ½ כוס יין לבן
- 1 כוס מיץ V8 חריף
- 1 פלפל ירוק קצוץ
- 1 בצל קצוץ
- 4 שיני שום טחונות
- מלח ופלפל לפי הטעם
- 1 כפית תיבול איטלקי
- 2 גזרים קלופים ופרוסים
- 2 ½ פאונד אמנון חתוך
- ½ קילו שרימפס קלוף ומפורק

הוראות
a) בסיר הגדול מחממים תחילה את שמן הזית.
b) מבשלים את הפלפל, הבצל והסלרי במשך 5 דקות במחבת חמה.
c) לאחר מכן, מוסיפים את השום. מבשלים דקה אחת לאחר מכן.
d) בקערת ערבוב גדולה מערבבים את כל שאר המרכיבים מלבד פירות הים.
e) מבשלים את התבשיל 40 דקות על אש נמוכה.
f) מוסיפים את האמנון והשרימפס ומערבבים לאיחוד.
g) מבשלים 5 דקות נוספות.
h) טועמים ומתקנים תיבול לפני ההגשה.

74. תבשיל סיני

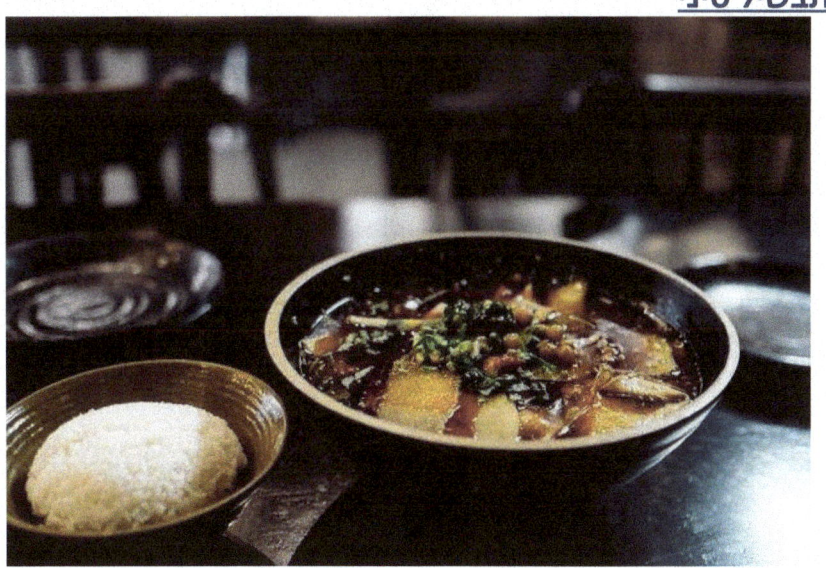

מבינה: 8 מנות

רכיבים

- דגים, לובסטר או סרטן
- סלרי
- שעועית
- 1 כוס אורז, מבושל
- פטריות
- בוטנים
- שמן
- בצלים
- ברוקולי

הוראות

a) על ווק מחממים שמן על אש בינונית.

b) מקפיצים בצל, ואז סלרי ואז פטריות. תוציא כל אחד.

c) לאחר מכן מטגנים תוך ערבוב את השעועית, הברוקולי והבוטנים.

d) הוסף את המנה הראשונה ואז הוסף את הדגים שלך.

e) לבסוף, מוסיפים 1 כוס אורז ומאדים במשך דקה.

f) לְשָׁרֵת.

75 . תבשיל דגים בהאמי

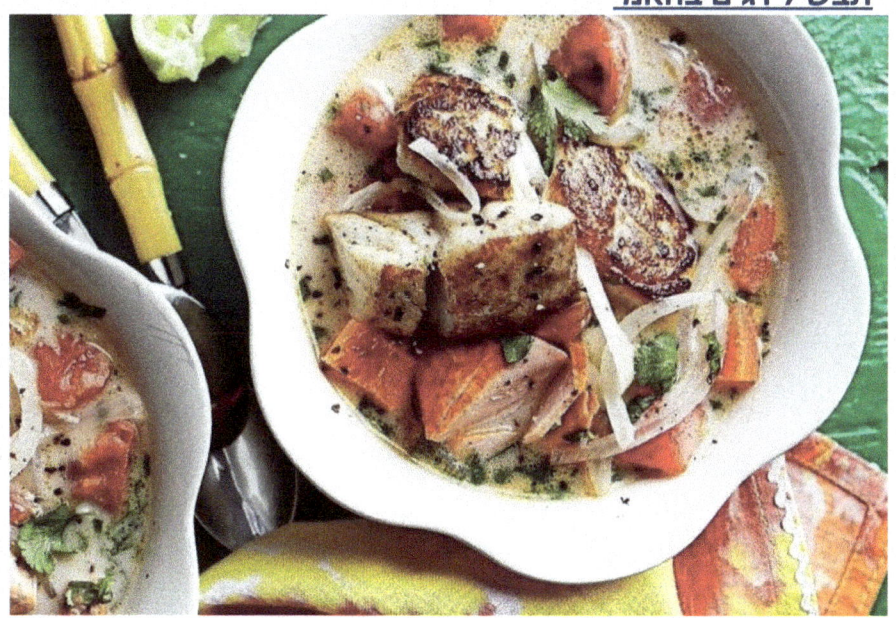

מכינה: 4 מנות

רכיבים

- 4 כוסות מים
- 1 כפית מלח
- 2 תפוחי אדמה; קלופים, חצויים וחתוכים לקוביות
- 1 כפית חמאה
- ½ כוס גזר פרוס
- 4 פרוסות בייקון
- 2 פלפלי טבסקו קטנים טריים או כבושים
- ¼ כפית פלפל שחור גרוס
- 1 בצל, פרוס דק
- 1½ קילו פילה ללא עצמות של הליבוט או מוסר ים
- ½ כוס סלרי פרוס

הוראות

(a) מביאים את המים לרתיחה בסיר גדול, ואז מוסיפים את תפוחי האדמה, הבצל, הבייקון, המלח, הפלפל והצ'ילי הטחון.

(b) מוסיפים סלרי או גזר.

(c) מרתיחים בעדינות את תפוחי האדמה עד שהם רכים, ואז מוסיפים את הסלמון.

(d) מנמיכים את האש ונותנים למנה להתבשל עד שהדג בקושי מוכן.

(e) אם רוצים, מוסיפים כמות חמאה, מתקנים תיבול ומגישים מיד.

76. חמין שרימפס ודלעת

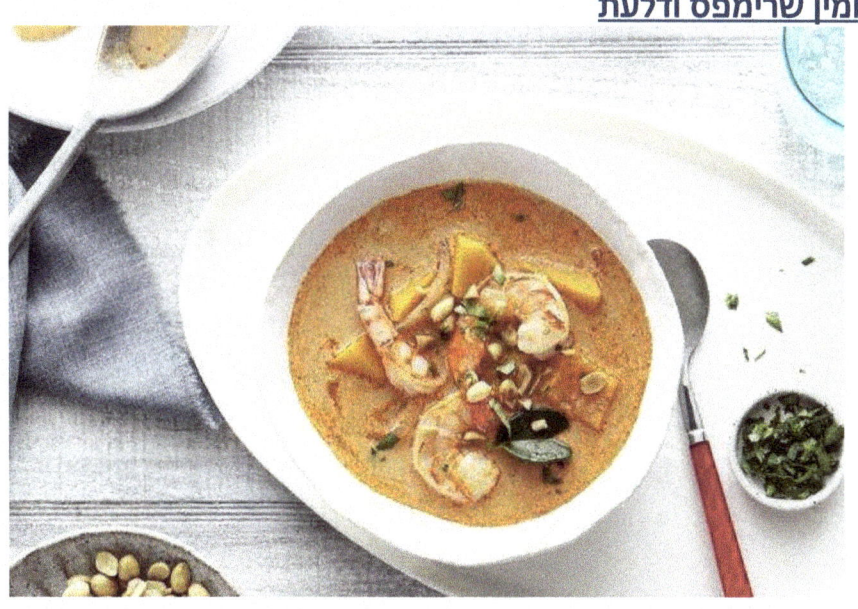

מכינה: 4 מנות

רכיבים
- 2 בצלים, פרוסים
- 2 גזרים, פרוסים דק
- 1 כף כוסברה טרייה חתוכה
- 2 כפיות ג'ינג'ר טרי מגורר
- 2 שיני שום, קצוצות
- ½ כפית פלפל אנגלי טחון
- 2 כפות שמן זית
- קופסת מרק עוף של 14 אונקיות
- קופסת דלעת של 15 אונקיות
- 1½ כוסות חלב מופחת שומן
- חבילה של 8 אונקיות של שרימפס מבושלים קפואים, מקולפים ומופשרים
- שרימפס טרי בקליפות, קלופים, מפורקים ומבושלים
- עירית טרייה קצוצה

הוראות
a) מבשלים את הבצל, הגזר, הכוסברה, הג'ינג'ר, השום ופלפל אנגלי בשמן מחומם בסיר על אש בינונית במשך 14 דקות, או עד שהירקות רכים.

b) מעבירים את התערובת לקערת מעבד מזון.

c) מוסיפים ½ כוס מרק עוף.

d) מעבדים עד כמעט חלק.

e) מערבבים את הדלעת, החלב והמרק הנותר באותו סיר.

f) הוסף את 8 אונקיות השרימפס ואת תערובת הירקות המשולבת, ומבשלים.

g) יוצקים את התבשיל לתוך הכלים.

h) מקשטים בעירית קצוצה.

77. תבשיל לובסטר עם פריטרס פיקנטי

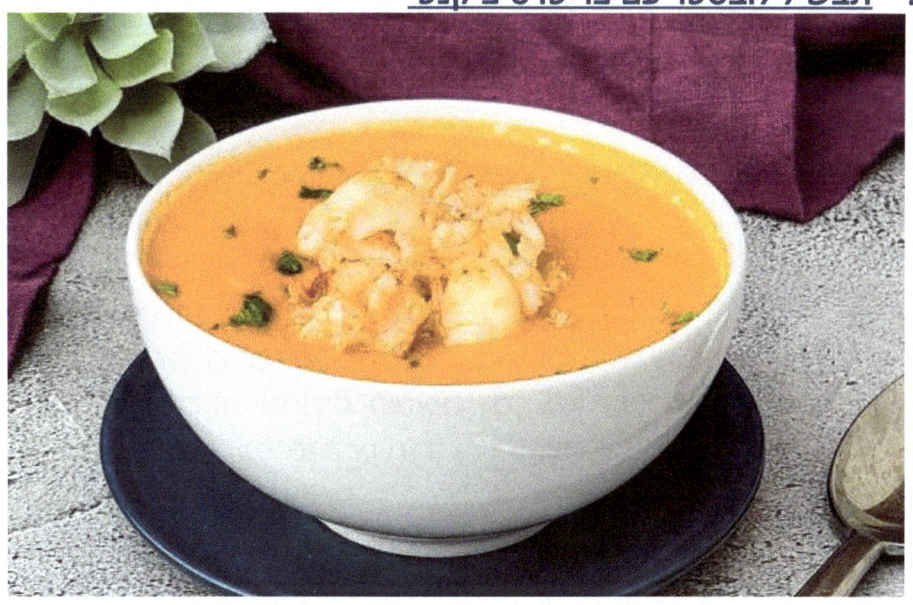

מכינה: 4 מנות

רכיבים

- 1 כף שמן זית
- 1 קילו נקניק צ'וריסו, פרוס
- 2 כוסות בצל קצוץ
- 8 כוסות ציר לובסטר, שרימפס או דגים
- 12 שיני שום שלמות, קלופות
- 2 צ'ילי ירוק, פרוס לטבעות דקות
- 3 כוסות ירקות מגוונים קצוצים גס, כגון קולרדים, חרדלים, לפת, מנגולד, שן הארי, עלי סלק או תרד
- 2 כוסות עגבניות קצוצות
- 3 תפוזים, מיץ
- 2 לובסטרים קוצניים או מיין, חתוכים לשניים
- מלח
- פתיתי פלפל אדום כתוש
- ½ כוס חלב קוקוס
- 2 כפות עלי כוסברה טריים קצוצים דק
- מתכון אחד של פריטרס פיקנטי
- 1 מתכון מיונז פלפל אדום

הוראות

a) יוצקים את כף שמן הזית לסיר גדול ומחממים אותו על אש בינונית.

b) מוסיפים את הנקניק והבצל, ומבשלים שתי דקות.

c) מביאים לרתיחה תוך כדי ערבוב של הציר, השום והצ'ילי.

d) שחו במשך 60 דקות.

e) מוסיפים את חצאי הלובסטר, הירוקים, העגבניות ומיץ התפוזים, ומתבלים במלח ופתיתי פלפל אדום.

f) שחו במשך 30 דקות.

g) מוסיפים את חלב הקוקוס והכוסברה ומערבבים.

h) מניחים חצי לובסטר בבל קערה קטנה.

i) מגישים את הלובסטרים עם המרק מעל.

j) מוסיפים לביבות וקצת מיונז בקישוט.

78. התקדמות מקרל

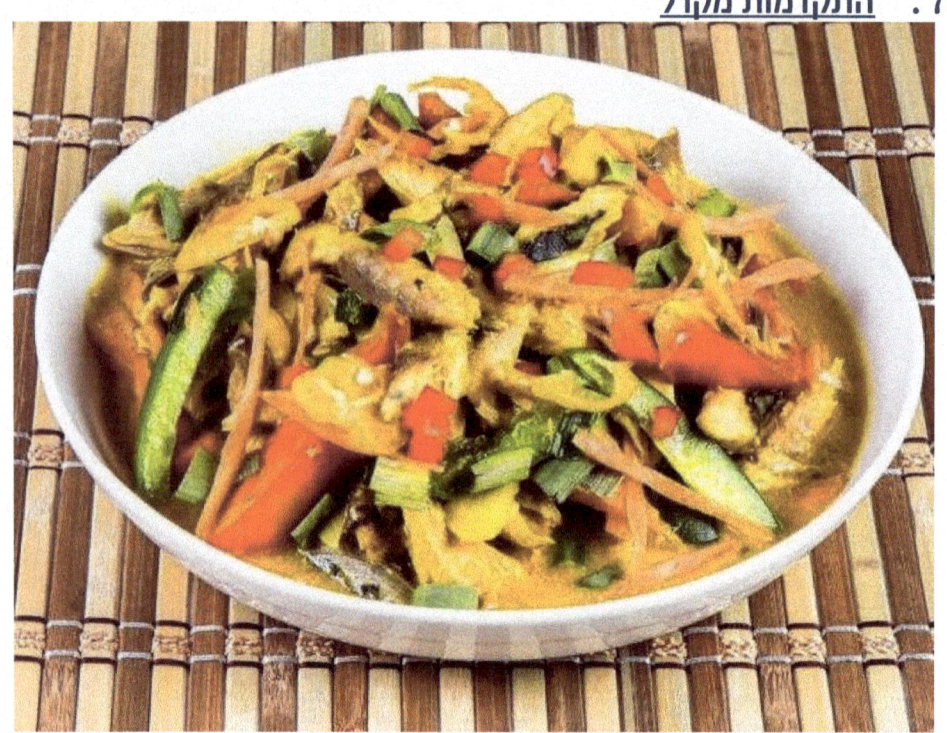

עושה: 3-4

רכיבים

- 2 פאונד מקרל מלח
- 1½ קופסאות חלב קוקוס
- 1 בצל, פרוס
- 2 שיני שום
- 2 גבעולים של בצל ירוק
- 1 פלפל סקוטי ירוק
- 2 עגבניות, קצוצות
- 3 ענפי טימין
- מלח
- פלפל שחור

הוראות

a) מרתיחים את המקרל 35 דקות במים רותחים.
b) מסננים ומקשקשים את המקרל לחתיכות.
c) במחבת מרתיחים חלב קוקוס עד שהוא מסמיך לקצפת והשמן נפרד מהקפרפת.
d) מוסיפים את המקרל, ואז מבשלים אותו במשך 10 דקות על אש בינונית.
e) מתבלים את האוכל במלח ופלפל לפי הטעם.
f) מערבבים, מכסים ומבשלים עוד עשר דקות על אש נמוכה.

79. תבשיל סיר שרימפס מפולפל

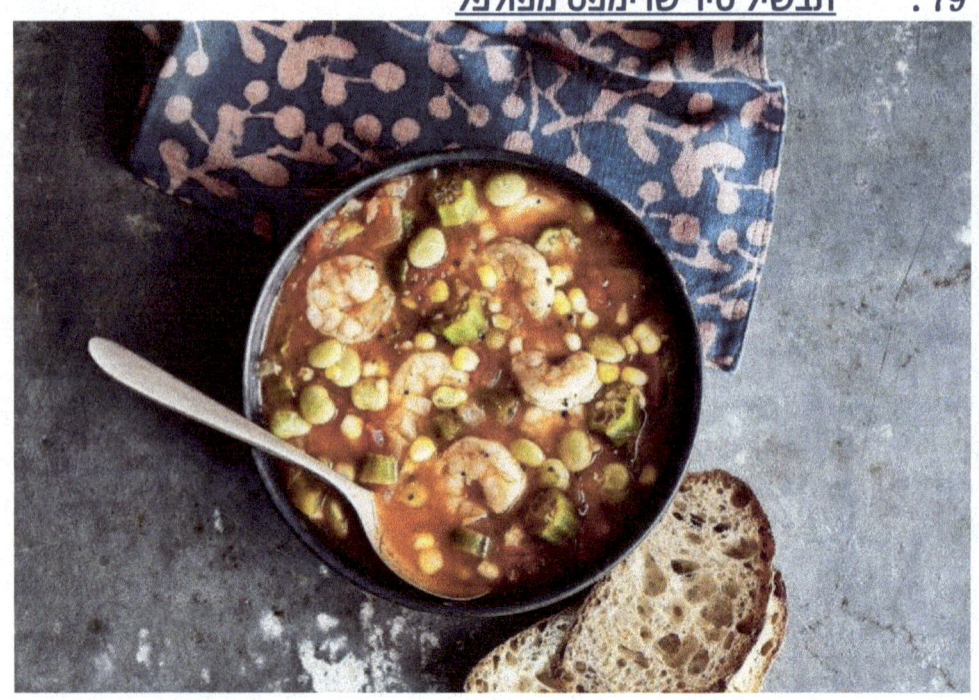

עושה: 10

רכיבים

- חבילת 10 אונקיות של במיה קפואה, פרוסה
- 1 כוס שמנת קוקוס, משומר
- 10 פרוסות ליים
- 1 כוס תרד טרי, קצוץ
- ½ כפית רוזמרין, כתוש
- ¼ כפית שום טחון
- ¼ כוס בצל טחון
- 1 כפית מלח
- ½ כפית עלי טימין, מרוסקים
- ½ כפית מיורן, כתוש
- 1 קורט פלפל אדום, טחון
- 1 כוס פלפל חריף ירוק, זרע, קצוץ
- 6 כוסות ציר עוף
- 2 קילו שרימפס, קלופים, מפורקים

הוראות

a) ממלאים סיר במיה, תרד, פלפל ירוק, בצל טחון, מלח, מיורן, רוזמרין, שום טחון, פלפל אדום וציר עוף.

b) להביא לרתיחה.

c) מנמיכים את האש, מכסים ומבשלים במשך 30 דקות.

d) מוסיפים את חלב הקוקוס והשרימפס.

e) מבשלים 5 דקות או עד שהשרימפס מוכנים.

f) מגישים עם פרוסות ליים בקישוט.

80. תבשיל תה דגים

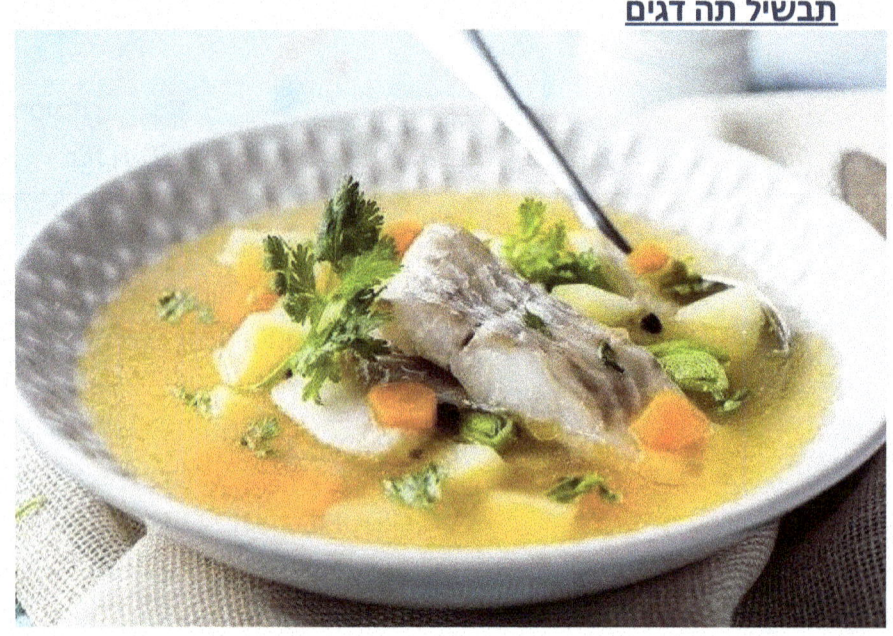

מכינה: 3 מנות

רכיבים

- 580 גרם דג טרי שטוף בחומץ
- 100 גרם דלעת קלופה וקצוצה
- 240 גרם בטטה צהובה קלופה וקצוצה
- 40 גרם בצל קצוץ
- 35 גרם בצל ירוק קצוץ
- 160 גרם צ'וצ'ו/צ'יוטה, קצוץ
- 1 פלפל סקוטי מצנפת
- 100 גרם במיה קצוצה לשני חלקים
- 70 גרם גזר חתוך לקוביות
- 1½ כפיות מלח או לפי הטעם
- 2 שיני שום קצוצות דק
- 3 להנביט טימין
- 5 גרגרי פימנטו/פלפל אנגלי
- 1 חבילה תערובת אטריות תה דגים
- 4½ כוסות מים

שניים שוטפים את הדגים

- 1 לימון או ליים לשטיפת הדג
- 1 כפית חומץ לשטיפת הדג
- מים

הוראות

a) שים את הדג, 2½ כוסות מים רותחים, בצל, שום, בצל ירוק וכפית מלח בסיר תבשיל.

b) מנמיכים את האש לבינונית ומביאים לרתיחה במשך 10 עד 15 דקות או עד שהוא רך.

c) מוציאים את הדג המבושל מהסיר, ואז שולפים אותו.

d) הוסף מספיק מים יחד עם הגזר, הטטה, הדלעת, הצ'וצ'ו, התימין, הפימנטו והפלפל הסקוטי.

e) מכסים ומחממים עד לרתיחה.

f)   מוסיפים לתערובת ארבע כפיות מים קרים.

g)   מכסים ומבשלים 30 עד 35 דקות בחום בינוני עד נמוך.

h)   מוסיפים את הדג והבמיה באמצע הדרך, מוציאים את גבעולי התימין
והפלפל הסקוטי ומגישים.

תבשילי משחק

81. תבשיל ארנב ואגוזי אדמה

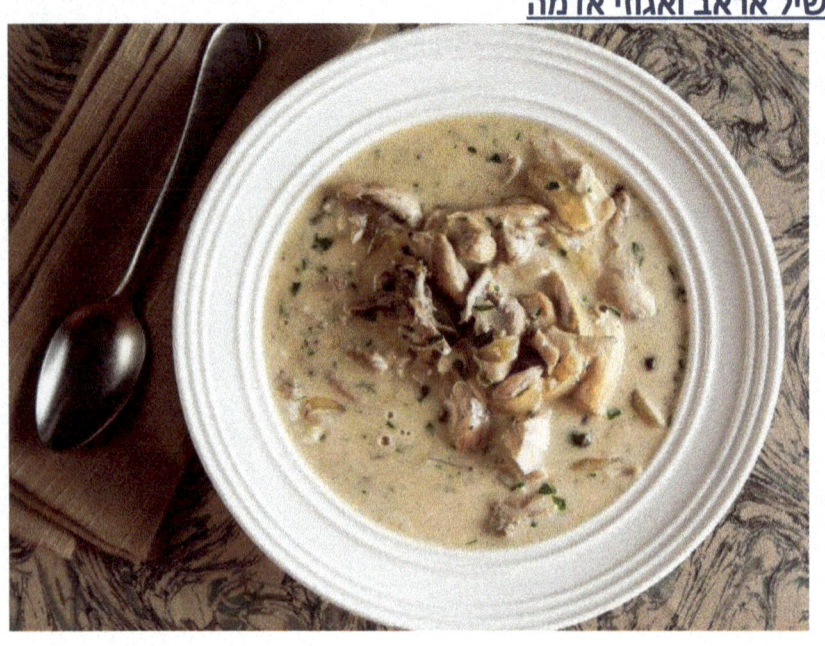

מכינה: 6 מנות

רכיבים
- 2 אונקיות מלח חזיר, חתוך לקוביות
- 2½ פאונד **שֶל** בשר ארנב, מנוקה וחתוך לקוביות
- ¼ כפית מיורן טחון
- 1 ענף פטרוזיליה
- מלח
- 1 בצל, קצוץ
- 1 שן שום, קצוצה
- 2 כוסות ציר עוף
- ½ כוס חמאת בוטנים
- ¼ כפית אגוז מוסקט טחון
- 1 עלה דפנה
- ¼ כפית טימין טחון
- פלפל
- 2 צ'ילי סראנו
- רוטב פלפל חריף

הוראות

(a) ממיסים חזיר מלח בסיר.

(b) מורידים את הפצפוצים ומבשלים את הארנב בשומן מומס.

(c) מערבבים פנימה את הבצל והשום, ואז מבשלים עד שהם רכים.

(d) מוסיפים ציר יחד עם עלה הדפנה, טימין, מיורן, פטרוזיליה, מלח ופלפל לפי הטעם.

(e) מבשלים את הארנב מכוסה על אש נמוכה עד שהוא רך, כשעה.

(f) מסננים 2 כוסות מנוזלי הבישול.

(g) מערבבים או מעבדים כוס אחת ממנו עם הצ'ילי, חמאת הבוטנים ואגוז המוסקט עד לקבלת תערובת חלקה.

(h) מערבבים פנימה את הכוס השנייה של נוזל הבישול, ואז מבשלים את תערובת חמאת הבוטנים במשך 15 דקות.

(i) מוסיפים את חתיכות הארנב ומבשלים 3 דקות.

82. תבשיל ארנב בעגבנייה ס

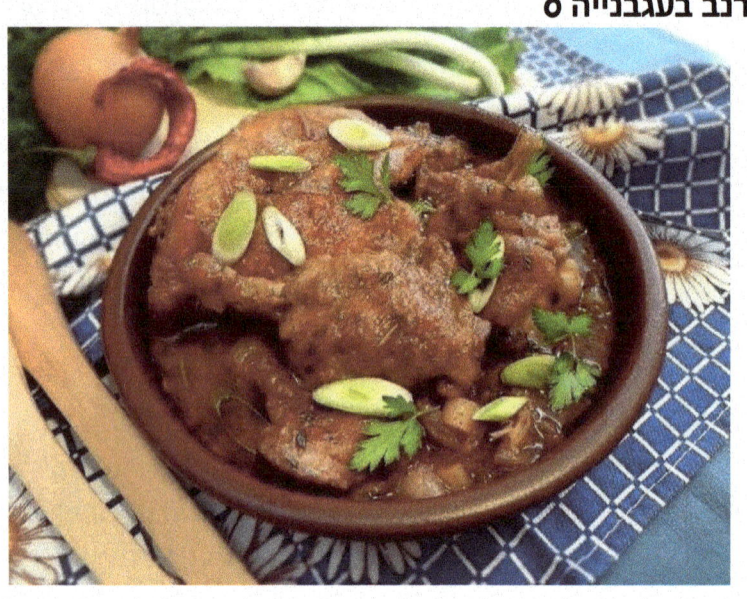

עושה: 5

רכיבים
- 1 ארנב שלם , חתוך לקוביות
- 1 עלה דפנה
- 2 בצלים בגודל גדול
- 3 שיני שום
- 2 כפות שמן זית
- 1 כף פפריקה מתוקה
- 2 ענפי רוזמרין טרי
- 1 קופסת עגבניות
- 1 ענף טימין
- 1 כוס יין לבן
- 1 כף מלח
- 1 כף פלפל

הוראות
a) במחבת מחממים את שמן הזית על אש בינונית-גבוהה.

b) מחממים את השמן ומוסיפים את נתחי הארנב. מטגנים עד שהחתיכות משחימות באופן אחיד.

c) הסר אותו ברגע שזה יסתיים.

d) מוסיפים את הבצל והשום לאותה מחבת. מבשלים עד שהוא רך לחלוטין.

e) בקערת ערבוב גדולה מערבבים את הטימין, הפפריקה, הרוזמרין, המלח, הפלפל, העגבניות ועלה הדפנה. אפשר 5 דקות לבישול.

f) לזרוק פנימה את נתחי הארנב עם היין. מבשלים, מכוסה, במשך שעתיים, או עד שנתחי הארנב מבושלים והרוטב מסמיך.

g) מגישים עם תפוחי אדמה מטוגנים או טוסט.

83. תבשיל צבי

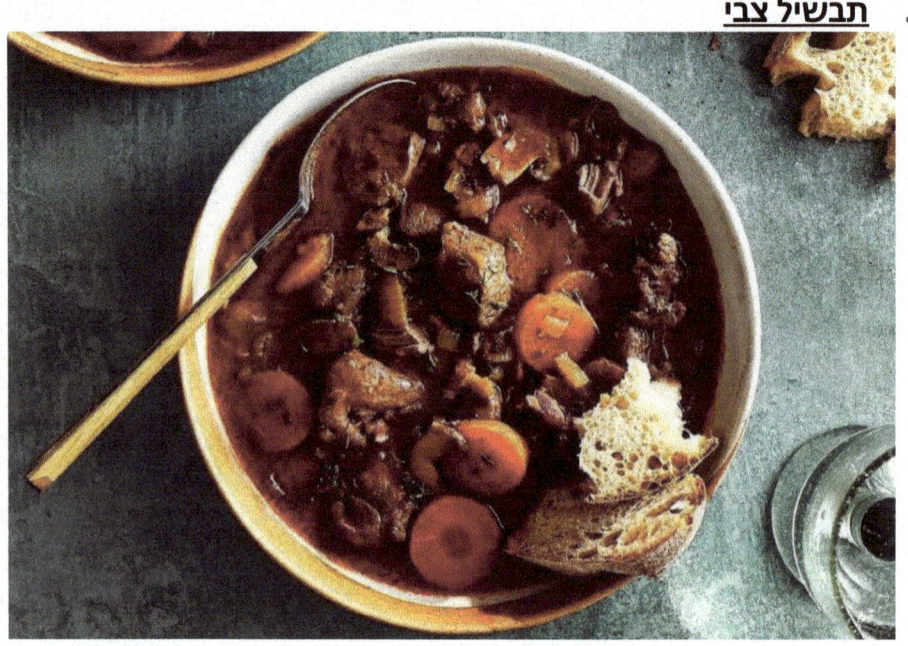

רכיבים

- 1 פלפל פובלנו גדול
- 1 עד 2 פלפלי ג'לפניו
- 6 עגבניות טריות, קליפות הוסרו
- 1½ כוסות (375 מ"ל) בצל לבן קצוץ (בצל אחד גדול)
- 1 כפית. (5 מ"ל) כמון טחון
- 2 כפות. (30 מ"ל) שמן זית
- 4 אוזני תירס טרי
- 3 שיני שום, קצוצות
- 4 כוסות (1 ליטר) מרק עוף או מרק עוף
- ⅔ כוס (150 מ"ל) מיץ ליים טרי (כ-7 ליים)
- 1½ כפיות. (7 מ"ל) של מלח
- 1 כפית. (5 מ"ל) פלפל שחור גרוס
- 680 גר' ירכיים או חזה עוף מעור ועצם, חתוכים לקוביות בגודל 2.5 ס"מ.

הוראות

a) מחממים תנור ל-(220°C) 425°F. מסדרים את 3 המרכיבים הראשונים על תבנית גדולה מרופדת בנייר אלומיניום. אופים ב-425°F (220°C) במשך 25 דקות או עד שהירקות רכים והקליפות מתחילות להתנפח, הופכים פלפלים כל 5 דקות. הסר ירקות מלמעלה; להעביר פלפלים לקערה קטנה. מכסים את הקערה בניילון נצמד ומניחים לעמוד 20 דקות. תנו לעגבניות לעמוד על נייר אפייה עד שהן מתקררות מספיק כדי להתמודד. קוצצים גס עגבניות, ומניחים בקערה בינונית.

b) לאחר שהפלפלים עומדים 20 דקות, מקלפים, מזרעים וקוצצים; להוסיף שתי עגבניות.

c) מטגנים בצל וכמון בשמן זית חם בתבנית נירוסטה בגודל 6 ליטר (6 ליטר) או הולנדית עם אמייל על אש בינונית-גבוהה 12 דקות או עד שהבצל מתרכך.

d) חותכים קצוות של גרעיני תירס לקערה גדולה; מגרדים את החלב והעיסה הנותרת מהקלחים. מוסיפים תירס ושום לבצל בתנור הולנדי;

מבשלים תוך ערבוב מתמיד, 5 דקות. מערבבים פנימה פלפלים קצוצים, עגבניות קצוצות, מרק עוף ו-3 המרכיבים הבאים.

e) להביא לרתיחה; מנמיכים את האש ומבשלים, ללא מכסה, 5 דקות, תוך ערבוב לעתים קרובות. מערבבים פנימה עוף. מביאים לרתיחה על אש גבוהה; להרתיח 5 דקות. מסירים מהאש.

f) מצקת מרק מרק חם לתוך צנצנת חמה, ומשאירים רווח של 1 אינץ' (2.5 ס"מ). הסר בועות אוויר. נגב חריזה בצנצנת. מכסה מרכז על הצנצנת. החל את הרצועה, והתאימו לקצה האצבע. מניחים את הצנצנת על מתלה במיכל לחץ המכיל 2 אינץ' (5 ס"מ) של מים רותחים ב-(82°C) 180°F. חזור על הפעולה עד שכל הצנצנות מתמלאות.

g) הנח את המכסה על הקופסה, וסובב למצב נעול. כוונו את החום לבינוני-גבוה. המתן לאדים במשך 10 דקות.

h) הנח את המשקולת הנגדית או המד המשוקלל על פתח האוורור; הביאו את הלחץ ל-10 פאונד (4.5 ק"ג) (psi) עבור קופסת שימורים עם מד משוקלל או 11 פאונד (454 גרם) (psi) s עבור קופסת שימורים.

i) עבדו צנצנת של 1 ליטר (500 מ"ל) למשך שעה ו-15 דקות או צנצנת של 1 ליטר (1 ליטר) למשך שעה ו-30 דקות. כבה את החום; מגניב שימורים עד אפס לחץ. תנו לעמוד עוד 5 דקות לפני שמסירים את המכסה.

j) מצננים צנצנות בקופסאות שימורים 10 דקות. מוציאים צנצנות ומצננים.

84. תבשיל ביזון טחון וירקות

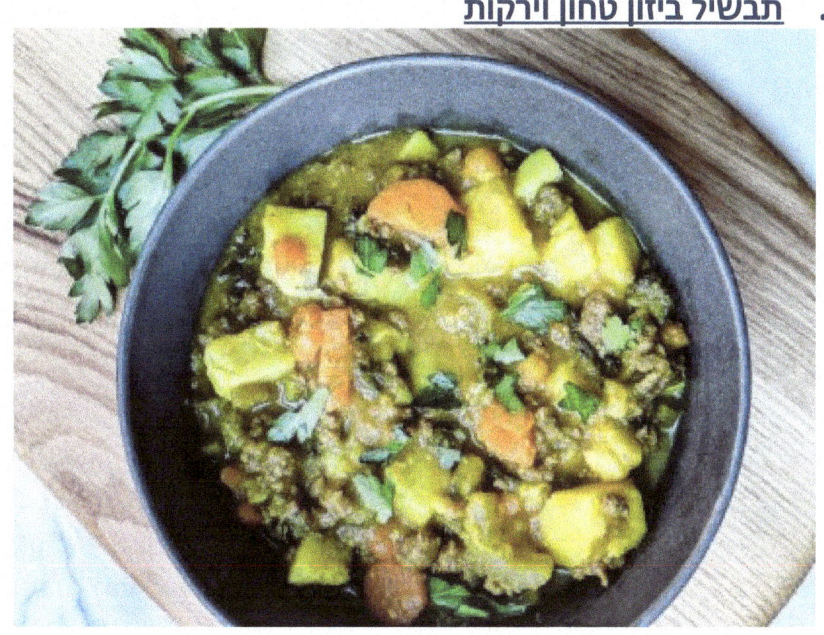

מנות: 5-6

רכיבים

- 1 פאונד. ביזון טחון
- 1-2 כפות שמן אבוקדו
- 3 גזרים גדולים (2 כוסות), קצוצים
- 3 גבעולי סלרי (1 כוס), פרוסים
- 2 בטטות לבנות גדולות (2 כוסות), קצוצות
- 1/2 כפית מלח
- 2 כפיות כורכום
- 3 כוסות מרק עוף
- 1 1/2 כוסות דלעת חמאה, מחית
- 3 כוסות קייל, קצוץ
- פטרוזיליה טרייה, תוספת (לא חובה)

הַנהָלָה

a) מחממים מחבת גדולה על אש בינונית ומוסיפים את הביזון הטחון, לשבור לחתיכות. לאחר שהבשר סיים להתבשל, מוציאים מהמחבת ומניחים בצד.

b) מחממים את שמן האבוקדו בסיר ציר גדול על אש בינונית. לאחר שחם, מוסיפים את הגזר והסלרי הקצוצים. מטגנים כ-8 דקות.

c) מוסיפים את הבטטה הלבנה, המלח והכורכום ומאחדים את החומרים. ממשיכים לבשל את החומרים על אש בינונית, תוך ערבוב מדי פעם, למשך 10 דקות נוספות או עד שהירקות מתרככים מעט.

d) מוסיפים פנימה את המרק, דלעת החמאה, הקייל והביסון. מערבבים את כל החומרים יחד ומניחים לאש נמוכה-בינונית, נותנים לתבשיל להתבשל כ-30 דקות.

e) לאחר שהתבשיל מוכן, מגישים חם ומעליו פטרוזיליה טרייה אם רוצים.

85. חברת נזיד צבי

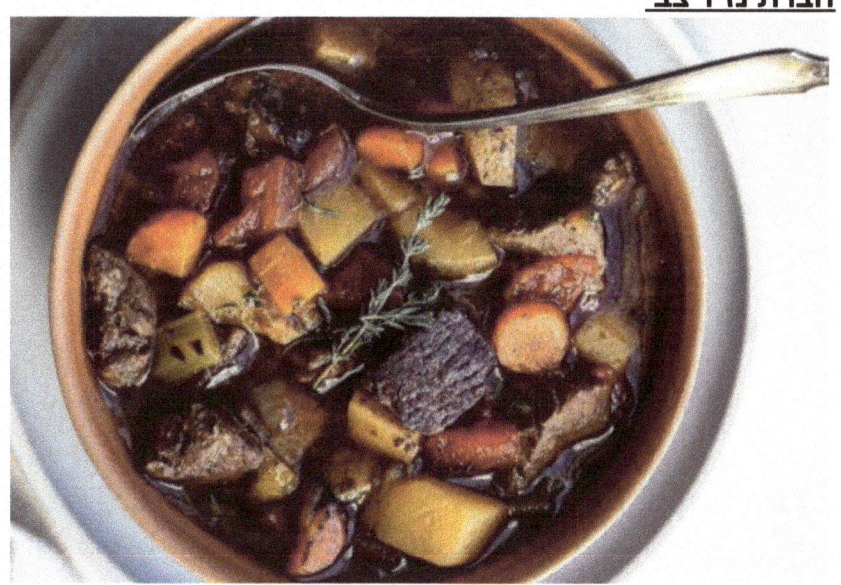

רכיבים

- 6 אונקיות. בייקון רזה
- ¾ ג. קמח ½ ט קמח ט פלפל
- 3 פאונד. 4 אונקיות. בשר צבי, חתוך לקוביות
- 1 פאונד. בצל, קצוץ
- 1 פאונד. גזר, פרוס סמיך
- 1 קופסה גדולה זיתים בשלים, מגולענים
- 3½ ג' מרק בקר
- יין אדום
- 1 ט' חומץ
- 3 אונקיות. רסק עגבניות
- 1 שן שום, קצוצה
- בְּ- טימין, כתוש
- 1 עלה דפנה
- ג פטרוזיליה, קצוצה

הַנהָלָה

(a) מערבבים קמח, מלח ופלפל וטוחנים קוביות צבי. בסיר חרס גדול שכבו בייקון, קוביות צבי וירקות.

(b) מערבבים מרק בקר ושאר החומרים. יוצקים על הכל ומבשלים על אש גבוהה 8-12 שעות או עד שהמזלג מתרכך.

86. תבשיל חזירי בר עם אוכמניות

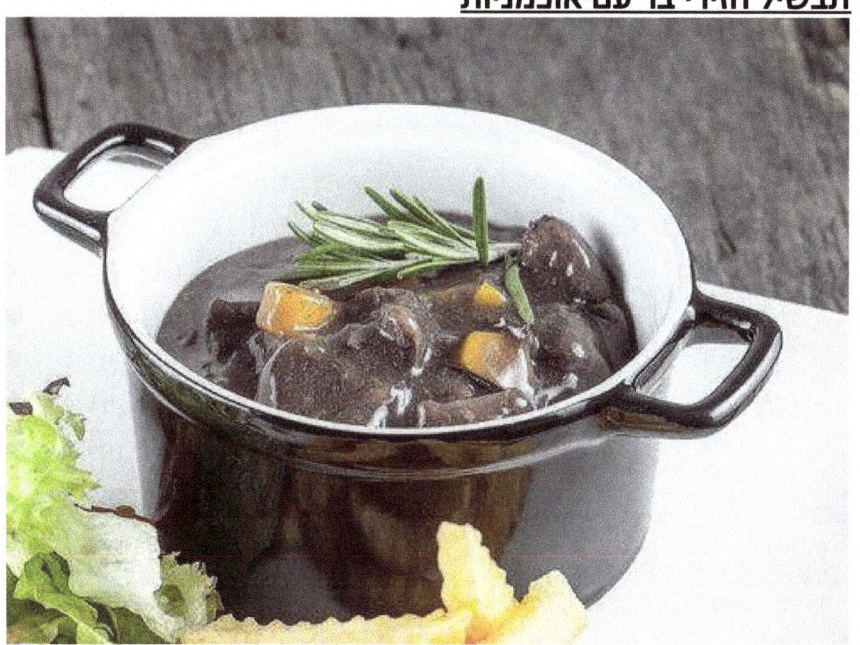

רכיבים

- חזיר בר במשקל 1 קילו (חתוך לקוביות, כתף או רגל)
- 1 1/2 כפות שמן צמחי
- 1 בצל (חתוך דק)
- 2 גזרים
- 1 תפוז (אורגני)
- 1 שן שום
- 1 ציפורן
- 1 מקל קינמון
- 4 גרגרי ערער
- 2 קורט אגוז מוסקט
- 2 עלי דפנה
- 2 כפות קוניאק
- יין אדום (1 ליטר.)
- 4 כפות ציר בקר
- 2 כפות ריבת אוכמניות
- 200 גרם אוכמניות טריות
- 2 כפות קמח (לא חובה)
- ציר עוף

הַנהָלָה

a) משחימים את קוביות הבשר במחבת עם השמן, ואז מסירים את הבשר ומניחים בצד.

b) באותה מחבת מטגנים את הבצל (פרוס דק) והגזר.

c) מוסיפים את גרידת התפוז, השום הכתוש, השיניים, מקל הקינמון וגרגרי הערער, ואז מתבלים במלח ופלפל, מפזרים אגוז מוסקט ומוסיפים את זר הגרני.

d) מחזירים את הבשר לסיר ומוסיפים את הברנדי, אם רוצים מלהבים אותו.

87. ארנב קריאולי

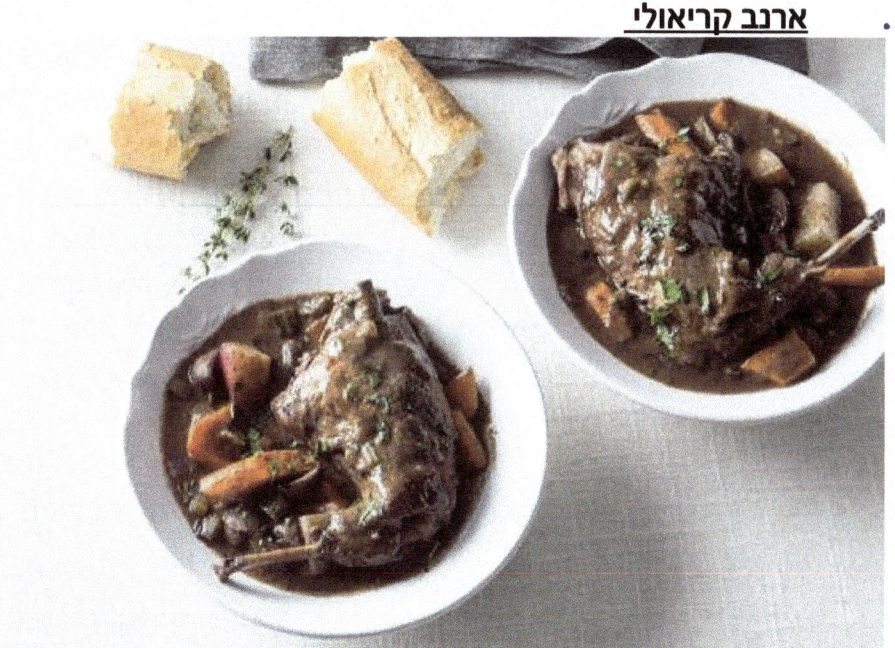

רכיבים

- 1 ארנב גדול, צעיר או בוגר, מרובע
- 1 קופסת מרק עוף או קוביית חמין מעורבבת במים
- או משקה נוזלי אחר
- 1 קופסת רוטב עגבניות או מרק
- 1 בצל בינוני, קצוץ או פרוס
- ½ כף טחון או ½ כפית אבקת שום
- 2 כפיות רוטב פלפלים או פלפלים חריפים
- מלח, פלפל, כוסברה ותבלינים אחרים לבחירה

הַנהָלָה

a) מערבבים מרק ותבלינים בתבשיל או בסיר חרס,

b) או מחבת צלייה.

c) מוסיפים בשר ארנבת.

d) בישול איטי עד לסיום.

e) טיפ: אידיאלי להגשה על אורז ושעועית.

תבשילי עופות

88 . תבשיל עוף קריבי

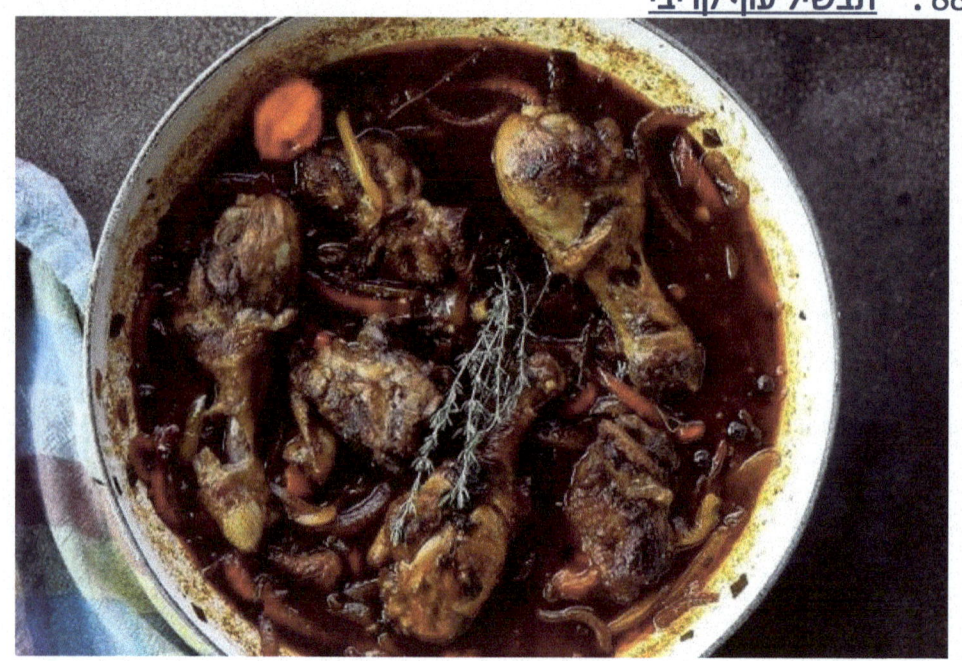

מכינה: מנה אחת

רכיבים

- 3 כפות חמאה ללא מלח
- 3½ פאונד מטגנים פרגיות, חתוכים לחתיכות הגשה
- 2 כפות ג'ינג'ר טרי, טחון
- ¼ כפית הל טחון
- 3 לפת, קלופה וחתוכה לקוביות
- 1 פלפל הבנרו, ג'לפנו או סרנו טרי, מזרעים וטחון
- מלח שני מפתחות
- 1 כף אבקת קארי
- 1 כפית כורכום טחון
- ¼ כפית פלפל אנגלי טחון
- 2 בצלים חתוכים לקוביות
- ¾ כוס ציר עוף

הוראות

a) בסיר מרק גדול על אש בינונית-גבוהה ממיסים מחצית מהחמאה.

b) מבשלים את העוף במשך 8 עד 10 דקות כדי להשחים את שני הצדדים.

c) מוסיפים את הפלפל והג'ינג'ר.

d) מוסיפים מלח לפי הטעם ומערבבים פנימה את שאר התבלינים.

e) מוסיפים בצל, לפת וחצי כוס ציר.

f) מכסים ומרתיחים את העוף באיטיות במשך 40 דקות, או עד שהוא מוכן.

g) מוסיפים את יתרת החמאה לרוטב ומצלחים את העוף עם אורז.

89 . תבשיל ברווז עם כופתאות

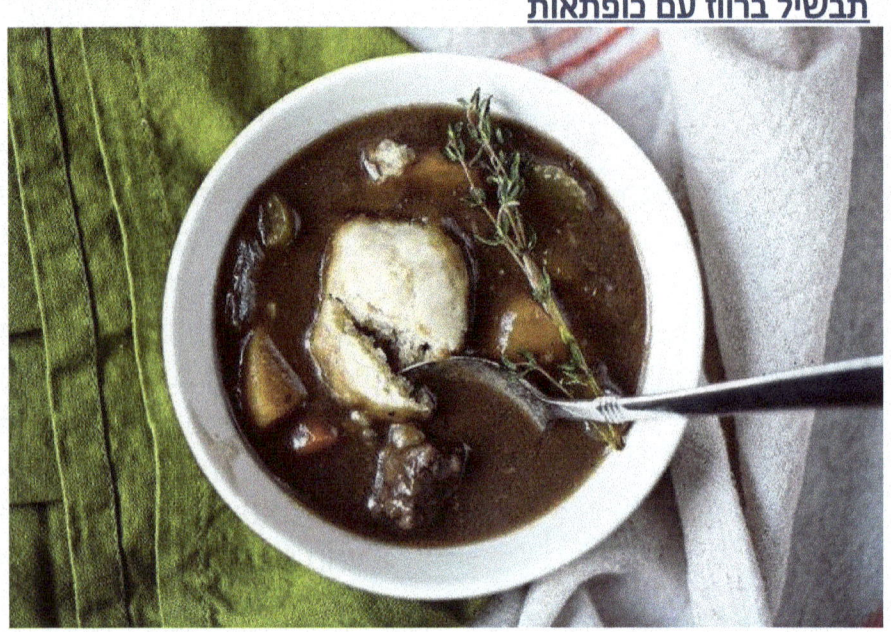

מכינה: 4 מנות

רכיבים

- 1 כף שמן זית
- 6 כפות בצל קצוץ דק
- ¼ כוס סלרי קצוץ דק
- ¼ כוס גזר קצוץ דק
- ¼ כוס פרצלונים קצוצים דק
- ¼ כוס לפת קצוצה דק
- 2 כוסות בשר ברווז נא קצוץ דק
- 2 כפות קלופות; עגבניות זרעו, קצוצות,
- 2 כפות בזיליקום טרי קצוץ
- 4 כפיות שום טחון
- 3 כוסות ציר ברווז
- 1½ כפיות מלח
- 1 פלפל שחור גרוס טרי
- ביצה 1
- ¼ כוס בירה
- ½ כוס קמח
- ½ כפית אבקת אפייה

הוראות

a) בסיר גדול מחממים שמן על אש גבוהה. מוסיפים 4 כפות מהבצלים, הסלרי, הגזר, הפרצלונים והלפת ומאדים 2 דקות. מוסיפים בשר ברווז, עגבניות, בזיליקום ו-1 כף מהשום. מערבבים בציר ו-1 כוס מים קרים; מתבלים ב-1 כפית מלח ו-3 סיבובים של טחנת הפלפל השחור ומביאים לרתיחה.

b) מנמיכים את האש לרתיחה, מכסים ומבשלים 25 דקות, עד שהברווז מבושל ורך. בקערה שלבו בקערה ביצה, בירה, 1 כפית שום שנותרה, חצי כפית מלח, 2 כפות פלפל, 2 כפות מהבצל, קמח ואבקת אפייה; להקציף את הבלילה עד לקבלת תערובת חלקה. חושפים את התבשיל, מגבירים את האש עד לבעבוע זריז ומוסיפים כ-16 כפות של בלילה בגודל כדור גולף לתבשיל.

c) מבשלים כופתאות במשך 2 דקות, מנמיכים את האש לרתיחה ומבשלים עוד דקה. להגשה, מצקת תבשיל לכל אחד מ-4 כדורי מרק רדודים ומעל כל מנה 4 עד 5 כופתאות.

90 . תבשיל עוף בטטה

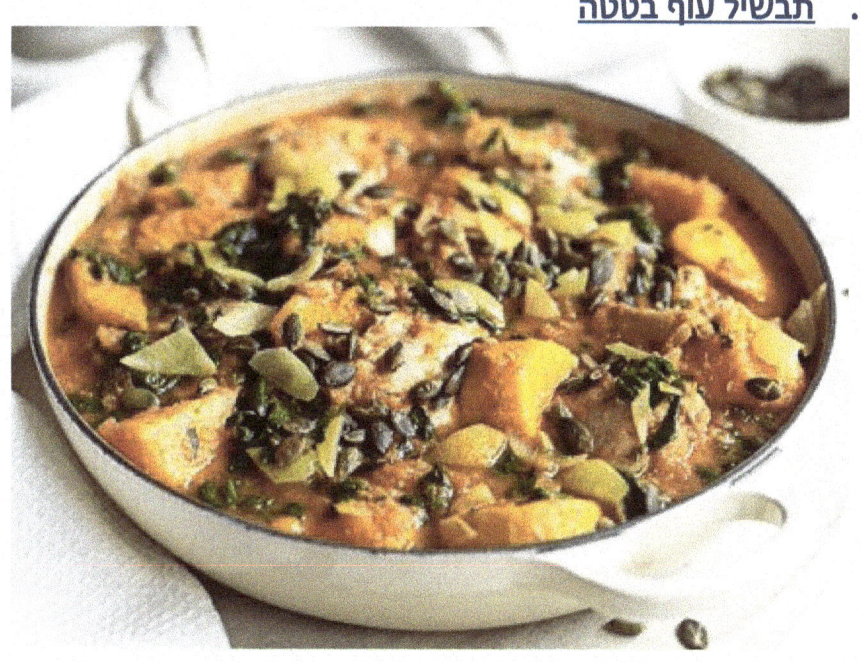

עושה: 8

רכיבים

- אורז חום (חם ומבושל) איך שאוהבים
- פלפל קאיין 1/4 כפית
- טימין מיובש (מחולק) 1/2 כפית
- חמאת בוטנים (שמנת) 1/4 כוס
- מרק עוף (מופחת נתרן) 1 כוס
- בטטה, גדולה (קלופה וחתוכה לקוביות בגודל 1 אינץ') 1
- עגבניות מרוסקות 3 ½ כוסות
- אפונה שחורת עיניים (מרוקן ושטוף) 2 כוסות
- שורש ג'ינג'ר טרי (טחון) 2 כפות
- שיני שום (טחונות) 6
- בצל בינוני (פרוס דק) 1
- שמן קנולה (מחולק) 3 כפיות
- פלפל 1/4 כפית
- מלח 1/2 כפית
- חזה עוף (ללא עור, ללא עצמות וקוביות) 2 כוסות

הוראות

(a) מפזרים מעט פלפל ומלח על העוף. מבשלים את העוף על להבה בינונית בשתי כפיות מהשמן במשך 5 דקות בתנור הולנדי עד שהעוף כבר לא ורוד; מוציאים את העוף מהתנור ומניחים אותו בצד.

(b) לתוך אותה מחבת מטגנים את הבצל בשמן שנותר עד שהוא מתרכך. מוסיפים את הג'ינג'ר והשום; לבשל עוד דקה אחת.

(c) מערבבים לתוכו את הקאיין, 1¼ כפיות טימין, חמאת בוטנים, מרק, בטטה, עגבניות ואפונה.

(d) מרתיחים אותם ומנמיכים את האש; מכסים אותו ונותנים לו להתבשל במשך 15 עד 20 דקות עד שתפוח האדמה הופך רך. מוסיפים את העוף ומחממים היטב.

(e) אם רוצים, מגישים אותו עם אורז. מפזרים בעזרת הטימין שנותר.

91 . תבשיל מבוואריה

עושה: 4

רכיבים
- 1 חזה ללא עצמות, חתוך לחתיכות בגודל ביס, מלח ופלפל גרוס לפי הטעם
- 2 כפות חמאה או מרגרינה
- 1 בצל בינוני, פרוס דק
- 1 קילו כרוב כבוש, מסונן
- 1 קופסה (16 אונקיות) רוטב חמוציות פירות יער שלמים
- 1 תפוח גדול, קלוף, מגורע וחתוך לפרוסות
- ½ כוס אגוזי מלך קצוצים (לא חובה)

הוראות

a) מתבלים חתיכות חזה במלח ופלפל. בתבשיל חסין להבה או הולנדית על אש בינונית, ממיסים חמאה.

b) מוסיפים עוף ובצל. מטגנים עד להשחמה קלה, כ-5 דקות.

c) בקערה משלבים כרוב כבוש, רוטב חמוציות ותפוחים. מזלפים מעל עוף ובצל ומערבבים בעדינות.

d) מכסים ומבשלים על אש בינונית-נמוכה במשך 20 דקות.

e) מפזרים אגוזי מלך ממש לפני ההגשה.

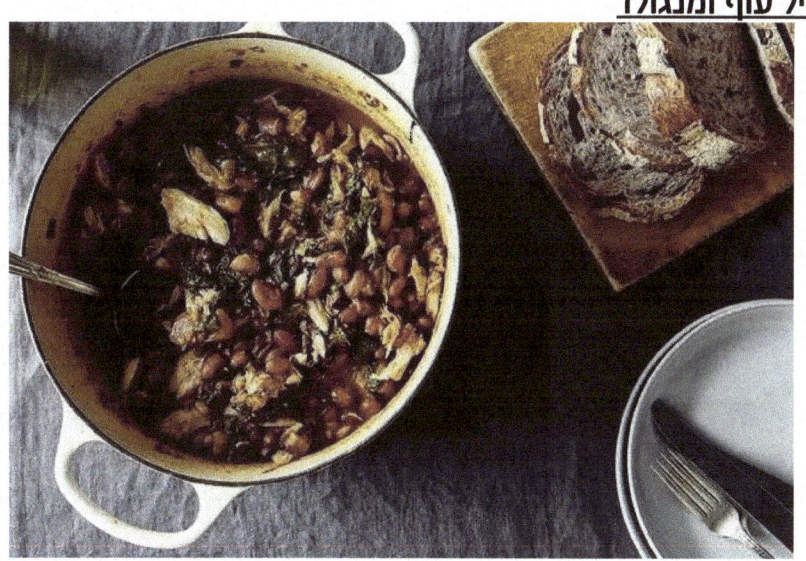

92 . תבשיל עוף ומנגולד

עושה: 5

רכיבים

- 4 ירכי עוף ללא עצמות, פרוסות לפרוסות
- 14 אונקיות חלב קוקוס, לא ממותק
- 2 כפות שמן זית (כתית מעולה)
- 1 בצל קצוץ
- 1 כף שום טחון
- 1 כף ג'ינג'ר טרי קצוץ
- 1 כפית אבקת כוסברה
- 1 כפית פפריקה
- 1 כפית אבקת כורכום
- 1 כפית אבקת כמון
- 4 עגבניות קצוצות
- מלח
- פלפל שחור, טחון
- 6 כוסות מנגולד שוויצרי טרי קצוץ
- 2 כפות. מיץ לימון סחוט טרי

הוראות

a) במחבת מחממים את השמן על אש גבוהה ומטגנים את הבצל 3-4 דקות.
b) מטגנים דקה אחת עם ג'ינג'ר, שום ותבלינים.
c) מבשלים כ-4-5 דקות לאחר הוספת העוף.
d) מביאים את העגבניות, חלב הקוקוס, המלח והפלפל השחור לרתיחה נמוכה.
e) מנמיכים את האש לנמוכה וממשיכים לבשל, מכוסה, כ-10-15 דקות.
f) מבשלים כ-4-5 דקות לאחר הוספת המנגולד.
g) מסירים את המחבת מהאש ומוסיפים את מיץ הלימון.

93 . קמפינג תבשיל עוף

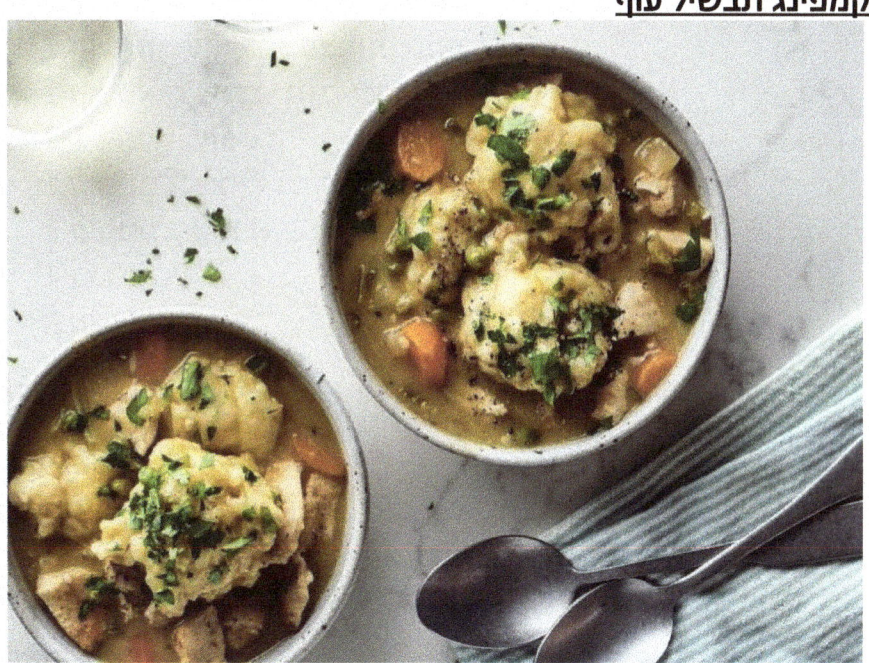

רכיבים

- 1 ק"ג חזה עוף ללא עצמות, חתוך לקוביות
- 2 קופסאות שמנת מרק עוף
- 1-2 כוסות בייבי גזר
- 1 קופסת תפוחי אדמה קטנים
- 1 קופסת ירקות (אפונה, שעועית ירוקה או מעורב)
- 1 בצל קצוץ
- שמן
- מלח/פלפל לפי הטעם

הוראות

- משמנים תנור הולנדי בשמן ומבשלים עוף עד לבן מכל הצדדים.
- מוסיפים את שאר החומרים, מכסים ומבשלים על גחלים עד שהעוף מבושל והגזר רך, בערך 20-30 דקות.

94. עוף וייטנאמי

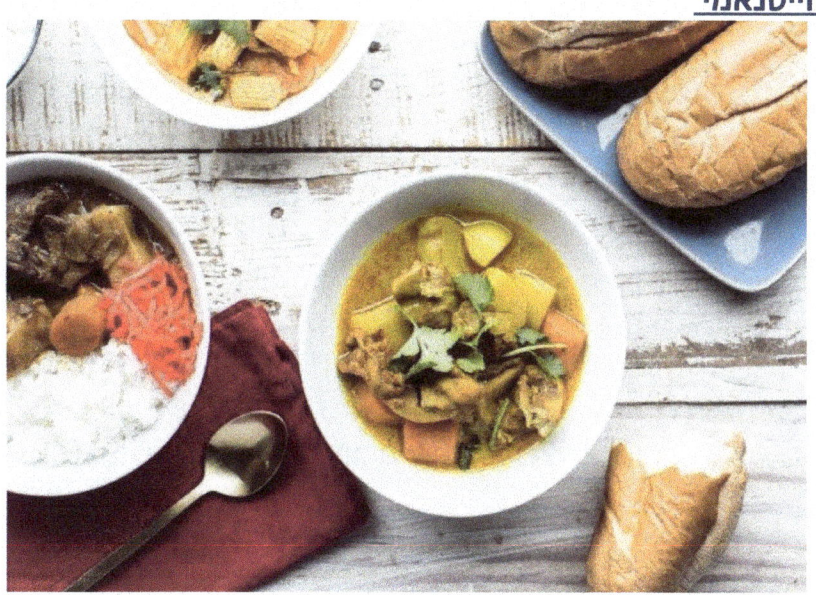

רכיבים

- 1 פאונד. ירכי עוף
- 1 פאונד. מקלות עוף
- 1 כף קארי מדרס
- 1 כפית אבקת בצל
- 1 כפית אבקת שום
- 1 כפית מלח כשר
- פלפל טרי טרי
- 1 בצל, קצוץ
- 3-4 שיני שום, קצוצות
- 2 גבעולי למון גראס חתוכים לחתיכות של 2 אינץ'.
- 1 כף ג'ינג'ר, טחון
- 2 כפות רוטב דגים
- 1 כף סוכר
- 3 כפות קארי מדרס
- 1 כוס מרק עוף
- 1 קופסת חלב קוקוס
- 3 גזרים, חתוכים לקוביות של 1 אינץ'
- 4-5 תפוחי אדמה יוקון זהב, חתוכים לקוביות בגודל 1 אינץ'

הוראות הגעה

a) למרינדת העוף: מוסיפים עוף לקערה ומשרים עם 1 כף קארי מדרס, אבקת בצל, אבקת שום ומלח כשר. מניחים לו להשרות לפחות 15 דקות תוך הכנת שאר המרכיבים.

b) בסיר המיידי, לחץ על כפתור ההקפצה והתאם להגדרה "יותר". תן לזה להתחמם.

c) מוסיפים שמן זית ומוסיפים בצל פרוס ומטגנים כמה דקות כדי להשחים את הבצלים. מוסיפים ג'ינג'ר, שום. מערבבים היטב עם בשר. מוסיפים פנימה את שאר המרכיבים ורק מחצית מחלב הקוקוס. מכסים ולוחצים על כפתור הבשר/תבשיל ותזמן אותו למשך 20 דקות.

d) לאחר שהסיר האינסטנט מובן, המתינו או תנו לו להוריד את הלחץ באופן טבעי, ואז הסירו את המכסה ויוצקים פנימה את שאר חלב הקוקוס. מתבלים במלח לפי הטעם. מגישים עם באגט צרפתי. תהנה!

e)

95. תבשיל אווז שלג

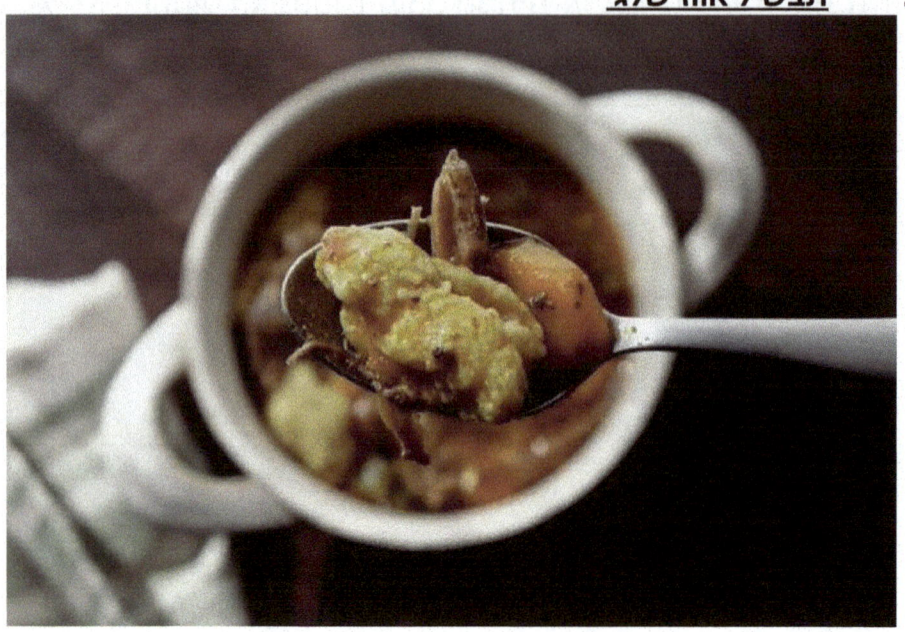

רכיבים

- 2 קילו בשר אווז שלג, חתוך לקוביות
- 2 אריזות לינגוויני או פטוצ'יני טרי
- 1 קילו שרימפס, גדול, לא מבושל, קלוף
- 2 נקניקיות איטלקיות גדולות, חריפות, פרוסות
- 1 כוס פטריות, קצוצות
- 4 בצלי שאלוט קצוצים
- 1 קופסת שמנת מרק פטריות, מרוכזת
- 1 פלפל אדום, קצוץ
- 3/4 כוס גבינת פרמזן מגוררת
- 1 כפית מלוח

הוראות הגעה

a) מטגנים יחד בשר אווז ונקניקיות במשך 5 דקות במחבת.

b) לנקז.

c) מכניסים מרק פטריות לסיר. מוסיפים אווז ונקניק. לְרַגֵשׁ. מוסיפים פטריות, שאלוט, פלפל אדום ומלוח. לְרַגֵשׁ. מבשלים על אש נמוכה.

d) הוסף נוזל (מים/יין) במידת הצורך. אם משתמשים בפטריות טריות, יווצרו מספיק נוזלים. מבשלים לפחות 30 דקות לסיום הבישול ומיזוג הטעמים.

e) מוסיפים שרימפס, מבשלים ללא רתיחה, למשך 3-5 דקות נוספות. 15 דקות לפני ההגשה מכינים פסטה.

f) מניחים פסטה בקערה גדולה. מכסים בתבשיל ומפזרים גבינת פרמזן.

96. תבשיל רגל עוף

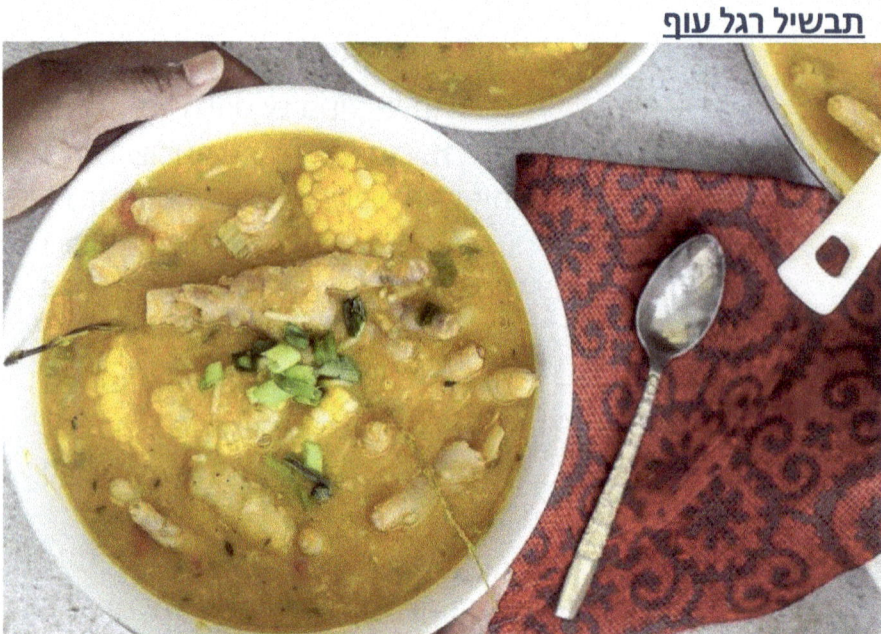

עושה: 5

רכיבים

- 2 קילו רגלי עוף
- 2 כפות חומץ
- 2 ליטר מים
- 1 כפית מלח
- 1 כפית פלפל שחור
- 5 שיני שום, קצוצות
- חצי קילו דלעת חתוכה לקוביות
- 1 תפוח אדמה
- חצי קילו בטטה קריבית, קלופה וחתוכה לקוביות
- 2 גזרים
- 2 לפת
- 1 צ'ו-צ'ו צ'יוטה
- מתכון ½ כופתאות מבושלות
- 1 ענף טימין
- 1 גבעול בצל ירוק, קצוץ קטן
- חבילה אחת של תבשיל אטריות דלעת

הוראות

a) שוטפים רגלי עוף במים קרים ו-2 כפות חומץ. לנקז.
b) שים את הבשר בסיר גדול עם השום, הדלעת, המלח, הפלפל ו-1 ליטר מים.
c) מבשלים 45 דקות עם מכסה.
d) מוסיפים את הירקות החתוכים ומערבבים היטב.
e) מוסיפים חצי ליטר מים, מכסים ומבשלים 30 דקות.
f) לאחר 15 דקות מוסיפים את הכיסונים לסיר ומערבבים היטב.
g) מוסיפים את האטריות, הבצל והטימין.
h) מערבבים היטב, ואז מבשלים עוד 10 דקות.

i) מסירים את המכסה, מערבבים היטב, מחזירים אותו ומרתיחים עוד 6 דקות.

97 . תבשיל עוף

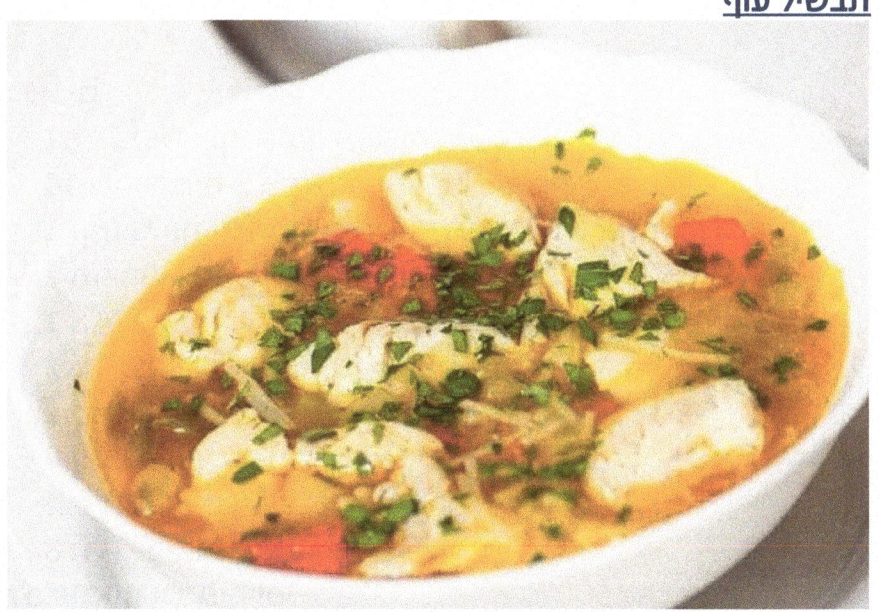

מכינה: 6 מנות

רכיבים

- 1½ -2 קילו עוף, חתוך לקוביות
- 10 כוסות מים 2 ½ ליטר
- 1 קילו דלעת יכול להשתמש בדלעת חמאה אחת, קצוצה
- 2 תפוחי אדמה איריים או בטטה, קצוצים
- 1 צ'וצ'ו קצוץ
- 2 גזרים קצוצים
- 2 בצל ירוק קצוצים
- 6 ענפי טימין
- מכסה מנוע סקוטש
- 8 גרגרי פימנטו

לכופתאות ולספינרים

- 2 כוסות קמח ללא גלוטן 260 גרם
- ½ כוס מים
- ½ כפית מלח ורוד

הוראות

a) מביאים סיר מים לרתיחה.
b) מוסיפים את העוף, מחצית מהדלעת או הדלעת ואת גרגרי הפימנטו.
c) מרתיחים את התערובת במשך 30 דקות עם מכסה, או עד שהעוף מבושל והדלעת או הדלעת רכים.
d) השתמשו במזלג כדי למעוך את הדלעת או הדלעת.
e) להכנת כופתאות, שלבו את הקמח והמלח הוורוד בקערה בינונית, ולאחר מכן הוסיפו בהדרגה את המים.
f) מערבבים את המים והקמח ליצירת כדור בצק.
g) קח מעט בצק וגלגל אותו לתוך כף היד.
h) יוצרים מכדור הבצק דיסקים כדי ליצור כופתאות שנוצרות בדרך כלל.
i) מניחים בעדינות כל ספינר וכופתאות לתוך המרק המבעבע.

‏j)‏ הוסף את הדלעת או הדלעת שנותרה, בצל ירוק, צ'וצ'ו, תפוחי אדמה, גזר, טימין, תערובת תבשיל תרנגולים תוצרת בית ומצנפת סקוץ'.

‏k)‏ מכסים את הסיר ונותנים לתבשיל להתבשל במשך 45 דקות או עד שהוא מסמיך.

98 . רוטב עוף

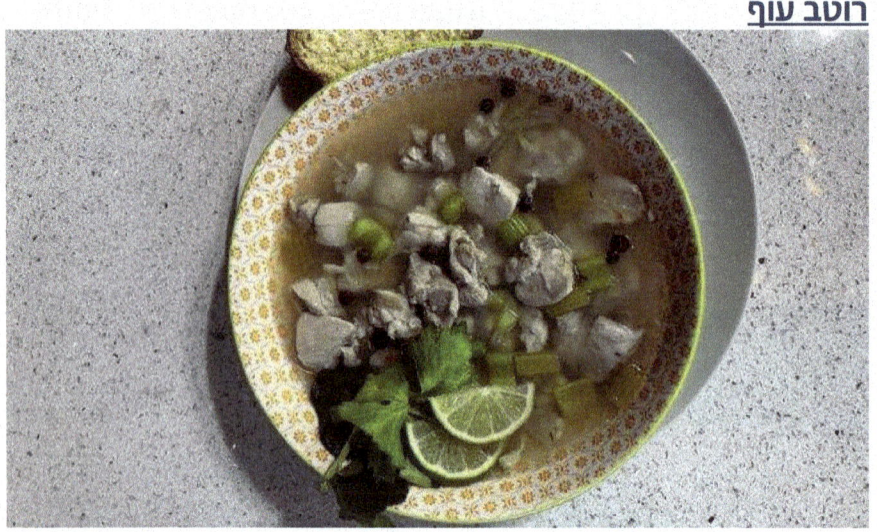

עושה: 4

רכיבים
- 2 קילו של כנפי עוף ומקלות תופים
- ½ כוס מיץ ליים סחוט טרי
- 2 גזרים קלופים וקצוצים
- 2 מקלות סלרי קצוצים
- 3 מצנפת סקוטית הבנורו, סראנו או ג'לפנוס, קצוצים
- 4 עלי דפנה
- 1 כף פלפל שחור
- 1 כף מלח מתובל
- 1 כף פלפל אנגלי
- מלח שני מפתחות
- 1 כף שמן
- 1 בצל לבן או צהוב
- 2 תפוחי אדמה קלופים וחתוכים לקוביות
- 2 כפיות טימין טרי

הוראות

a) שלבו את הליים, המלח, הפלפל, הפלפל האנגלי ועלי הדפנה בשקית זיפלוק.

b) זורקים פנימה את העוף, מערבבים הכל היטב ומשרים במשך 12 עד 24 שעות.

c) מחממים את השמן בתנור הולנדי גדול בחום בינוני.

d) מוסיפים את נתחי העוף ומחממים עד להשחמה מכל הצדדים, שומרים את המרינדה.

e) מוסיפים את הבצל, הגזר והסלרי ומאדים במשך 5 דקות או עד שהם רכים.

f) שלבו את תפוחי האדמה והתימין.

g) מוסיפים לסיר את העוף שהושחם ואת המרינדה שנשמרה.

h) ממלאים את הסיר במספיק מים לכיסוי העוף.

i) מביאים לרתיחה, ואז מנמיכים את האש ומבשלים במשך 45 דקות, או עד שבשר העוף נופל מהעצם.

j) מוציאים את העוף, מוציאים אותו מעצם ואז מוסיפים את בשר העוף בחזרה לסיר.

k) מוסיפים מלח לפי הטעם.

l) מוציאים את עלי הדפנה ופירות האנגלי.

m) מגישים עם עוגות ג'וני, ליים נוסף וחמוץ ישן.

99 . תבשיל עוף- ירקות

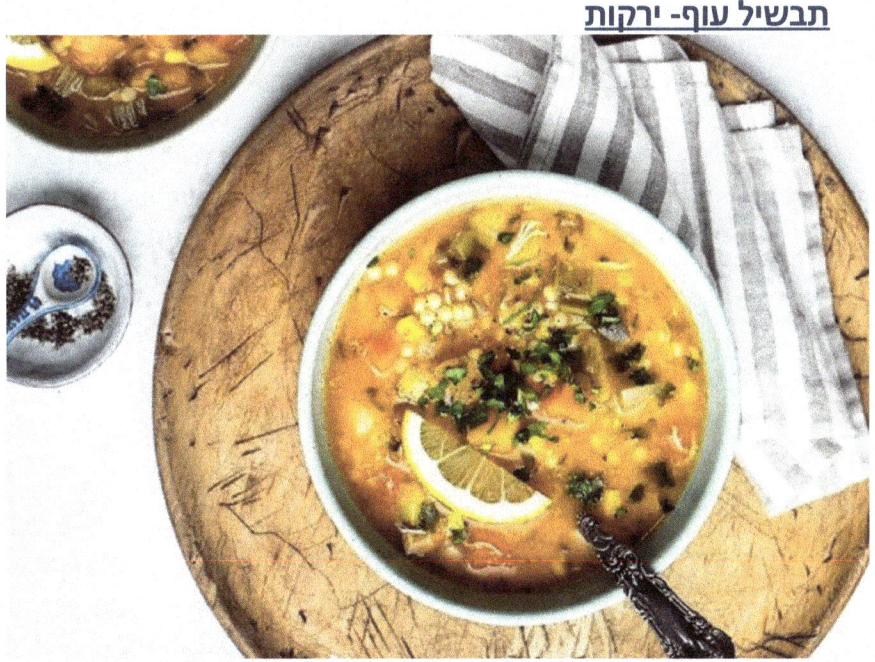

מכינה: 4 מנות

רכיבים
● 1 כוס בצל קצוץ
● ½ כוס סלרי קצוץ
● ½ כוס פלפל אדום וירוק, חתוך לקוביות
● ½ כפית תימין יבש
● 1 כוס מים
● 2 עלי דפנה
● 1 כפית אבקת צ'ילי
● ½ כפית אבקת קארי
● ¼ כפית פלפל אנגלי טחון
● 4½ כוסות מרק עוף דל נתרן, נטול שומן
● ⅛ כפית פלפל שחור טחון טרי
● 1¼ פאונד חצאי חזה עוף ללא עור, עם עצם
● ¼ כוס אורז לבן, מידה יבשה
● 14½ אונקיות שעועית שחורה, מבושלת, שטופה ומרוקנת

הוראות

a) מערבבים את השמן, הסלרי, הפלפל האדום או הירוק והבצל בסיר גדול.

b) מבשלים את הירקות במשך 5 דקות תוך כדי ערבוב לעתים קרובות על אש גבוהה.

c) מוסיפים את המים, עלי דפנה, אבקת צ'ילי, אבקת קארי, טימין, פלפל אנגלי ופלפל שחור תוך כדי ערבוב במרק.

d) מביאים לרתיחה לאחר הוספת העוף.

e) מבשלים במשך 25 דקות, או עד שהעוף מבושל היטב. מערבבים באופן קבוע.

f) כשהעוף קריר מספיק כדי לטפל בו, הניחו אותו בצד.

g) חותכים את העוף לחתיכות בגודל ביס לאחר הוצאת העצמות.

h) מוסיפים לסיר את השעועית והאורז.

i) מבשלים במשך 15 דקות, או עד שהאורז רך רך.

j) מחזירים את העוף לסיר ומבשלים 5 דקות.

k) זורקים את עלי הדפנה.

l) מגישים בתוספת יוגורט נטול שומן ופלפל אדום קצוץ.

100. עוף עם שעועית שחורה

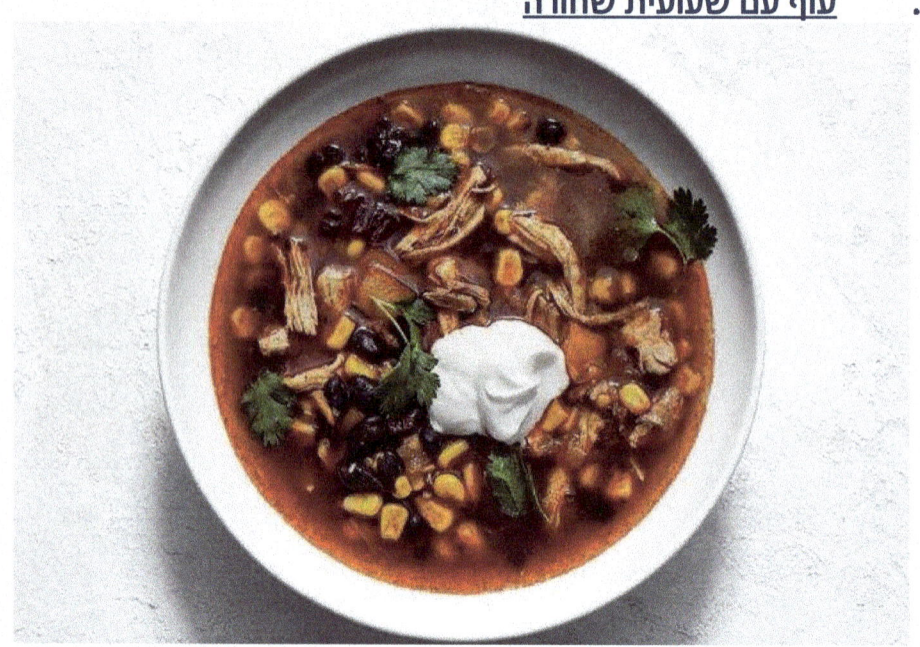

מכינה: 6 מנות

רכיבים
- ספריי בישול נון-סטיק
- ¼ כפית מלח
- 2 שיני שום, קצוצות
- 1 כוס ציר עוף
- 8 אונקיות רוטב עגבניות
- ¼ כפית פלפל
- ½ כפית קינמון
- ¼ כפית ציפורן, טחון
- 1 קילו **ללא עור** חזה עוף
- 2 כפיות חמאה
- 1 בצל
- ¼ כוס חדר מואר
- 1 פלפל ירוק, זרעים וחתוך לקוביות
- ¼ כפית מלח
- לזנק פלפל קיין
- 16 אונקיות שעועית שחורה, סחוטה

הוראות

a) מרססים ספריי בישול נון-סטיק על מחבת.

b) מתבלים את העוף במלח ופלפל ומקפיצים אותו במחבת על אש בינונית במשך 8 עד 10 דקות, או עד שהחתיכות מתחילות להשחים.

c) הניחו לו להתקרר ואז פורסים אותו לרצועות דקות. לְהַפְרִישׁ.

d) ממיסים מרגרינה באותה מחבת.

e) מוסיפים את הבצל והשום.

f) יוצקים 2 כפות מרק למחבת.

g) מבשלים את הבצל במשך 5 עד 6 דקות, תוך ערבוב לעתים קרובות, או עד שהוא רך.

h) למחבת מוסיפים את רוטב העגבניות, שארית הציר והרום.

i) מוסיפים את התבלינים, הפלפל הירוק והעוף שהונח בצד. להביא
לרתיחה.

j) מכסים את המחבת ומבשלים במשך 15 דקות, או עד שהעוף מבושל
והנוזל מסמיך.

k) מוסיפים את השעועית ומחממים עוד 2-3 דקות.

l) מגישים עם אורז.

סיכום

תבשילים הם אוכל מנחם קלאסי שנהנו ממנו במשך מאות שנים ונשאר מועדף בקרב רבים. המרק העשיר והטעים שלו, בשילוב עם בשר או ירקות עדינים, הופכים אותו לארוחה הדשנה והמשביעה האולטימטיבית. עם אינספור וריאציות ודרכים להתאים אותה אישית, תבשילים הם מנה שכולם יכולים ליהנות ממנה. בין אם אתם חובבי בשר או צמחוניים, מעדיפים אותו סמיך ולבבי או עם מרק קל יותר, יש מתכון לתבשיל עבורכם. אז למה לא לנסות להכין מנה של תבשיל ולגלות למה המנה האהובה הזו עמדה במבחן הזמן.

Ingram Content Group UK Ltd.
Milton Keynes UK
UKHW020611020623
422767UK00006B/47

9 781835 005347